ARCHIBALD MAULE RAMSAY

LA GUERRE SANS NOM
Le Pouvoir Juif contre les Nations

ARCHIBALD HENRY MAULE RAMSAY
(1894-1955)

A. M. Ramsay était un officier de l'armée britannique qui s'est ensuite lancé dans la politique en tant que député unioniste écossais. En 1940, après son implication avec un espion présumé à l'ambassade des États-Unis, il est devenu le seul député britannique à être interné en vertu du règlement de défense 18B.

LA GUERRE SANS NOM
le pouvoir juif contre les nations

The Nameless War Britons Publishing Company, London - 1952

© Omnia Veritas Limited – 2021

Traduit et publié par
OMNIA VERITAS LTD

www.omnia-veritas.com

Tous droits réservés. Aucune partie de cette publication ne peut être reproduite par quelque moyen que ce soit sans la permission préalable de l'éditeur. Le code de la propriété intellectuelle interdit les copies ou reproductions destinées à une utilisation collective. Toute représentation ou reproduction intégrale ou partielle faite par quelque procédé que ce soit, sans le consentement de l'éditeur, de l'auteur ou de leur ayants cause, est illicite et constitue une contrefaçon sanctionnée par les articles L-335-2 et suivants du Code de la propriété intellectuelle.

Table des matières

- INTRODUCTION 13
  - LA GUERRE SANS NOM 13
- DÉDICACE 17
- PROLOGUE 19
- LA RÉVOLUTION BRITANNIQUE 22
- LA RÉVOLUTION FRANÇAISE 37
- LA RÉVOLUTION RUSSE 58
  - U.S.S.R. 64
  - POLOGNE 64
  - HONGRIE 64
  - ROUMANIE 65
  - YOUGOSLAVIE 65
- DÉVELOPPEMENT D'UNE TECHNIQUE RÉVOLUTIONNAIRE 67
- L'ALLEMAGNE SONNE L'ALARME 75
- 1933 : LA JUIVERIE DÉCLARE LA GUERRE 84
- LA "FAUSSE GUERRE" SE TERMINE PAR DES BOMBARDEMENTS CIVILS 96
- DUNKERQUE ET APRÈS 102
- LA FORME DES CHOSES À VENIR 107
- LE RÔLE DU PRÉSIDENT ROOSEVELT 112
- LE RÈGLEMENT 18B 119
- QUI OSE ? 126
- ÉPILOGUE 132
- DÉCLARATIONS 138
  - *Déclaration du Capitaine Ramsay de la prison de Brixton au Président et aux membres du Parlement concernant sa détention en vertu du paragraphe 18B du Règlement de la Défense.* 138
  - *PHASE I* 139
  - *PHASE II* 140
- PARTICULARITÉS ALLÉGUÉES COMME RAISONS DE MA DÉTENTION 157

PARTICULES 159
CONCLUSION 169
LES STATUTS DE LA JUIVERIE 171
LES STATUTS DE LA JUIVERIE 171
HISTORIQUE DE LA PRÉSENCE DES JUIFS EN GRANDE-BRETAGNE 176
PROPOS D'HOMMES CÉLÈBRES SUR LES JUIFS 178

Copie du dépliant conçu par l'auteur après l'accord de Munich 182
LIVRE BLANC ALLEMAND SUR LA DERNIÈRE PHASE DE LA CRISE GERMANO-POLONAISE 185
LA DERNIÈRE PHASE DE LA CRISE GERMANO-POLONAISE 192

AUTRES TITRES 205

Le **capitaine Archibald Maule Ramsay** a fait ses études à Eton et au Royal Military College de Sandhurst, et a servi dans le 2ème bataillon des Coldstream Guards pendant la Première Guerre mondiale jusqu'à ce qu'il soit gravement blessé en 1916. Il a ensuite travaillé au QG du régiment, au War Office et à la mission de guerre britannique à Paris jusqu'à la fin de la guerre.

À partir de 1920, il devient membre de la H.M. Scottish Bodyguard. En 1931, il est élu membre du Parlement pour le Midlothian et le Peeblesshire.

Arrêté en vertu du règlement 18b le 23 mai 1940, il a été détenu, sans accusation ni procès, dans une cellule de la prison de Brixton jusqu'au 26 septembre 1944. Le lendemain matin, il a repris son siège à la Chambre des Communes et y est resté jusqu'à la fin de cette législature en 1945.

INTRODUCTION

LA GUERRE SANS NOM

Voici l'histoire dont on disait qu'elle ne serait jamais écrite à notre époque — la véritable histoire des événements qui ont conduit à la Seconde Guerre mondiale, racontée par une personne qui a bénéficié de l'amitié et de la confiance de M. Neville Chamberlain pendant les mois critiques qui se sont écoulés entre les accords de Munich et septembre 1939.

Il existe depuis longtemps une interdiction officieuse des livres traitant de ce que le capitaine Ramsay appelle "la guerre sans nom", le conflit qui se déroule depuis des siècles dans l'ombre de la scène politique, qui se déroule encore actuellement et dont très peu de gens ont conscience.

Les éditeurs de *The Nameless War* pensent que cette nouvelle exposition fera plus que toute autre tentative antérieure pour briser la conspiration du silence.

Le présent ouvrage, accompagné de nombreuses preuves supplémentaires, assorties d'un contexte historique plus complet, est le résultat des expériences personnelles d'un personnage public qui, dans l'exercice de ses fonctions, a découvert des informations de première main sur l'existence d'une conspiration vieille de plusieurs siècles contre la Grande-Bretagne, l'Europe et l'ensemble de la chrétienté.

La guerre sans nom révèle un lien insoupçonné entre toutes les grandes révolutions en Europe — depuis l'époque du roi Charles Ier à la tentative avortée contre l'Espagne en 1936. Il est démontré qu'une source d'inspiration, de conception et d'approvisionnement est commune à toutes ces révolutions. Ces révolutions et la guerre mondiale de 1939 sont considérées comme des parties intégrantes d'un seul et même plan directeur.

Après un bref rappel des forces à l'origine de la déclaration de guerre et des arrestations dans le monde entier de tous ceux qui ont tenté de s'y opposer, l'auteur décrit l'anatomie de la machine de l'Internationale révolutionnaire — cette mécanique qui poursuit aujourd'hui le projet d'un pouvoir mondial supranational, le rêve messianique multiséculaire de la juiverie internationale.

L'auteur est convaincu que la machine s'effondrerait sans le soutien des Juifs réticents et celui des Gentils sans méfiance et il propose des suggestions pour réveiller ces géants endormis.

Les chrétiens déclarent :

> "Le capitaine Ramsay, un gentleman chrétien au courage inébranlable, pensait que la guerre avec l'Allemagne n'était pas conçue dans l'intérêt de la Grande-Bretagne et ne pouvait conduire qu'à l'extension du pouvoir communiste et juif. Parce qu'il a averti ses compatriotes des forces en présence, il a été

mis en prison sans procès pendant quatre ans et demi, pour des 'raisons' si absurdes que ceux qui les ont formulées n'ont pas osé les soumettre à un tribunal."

Truth (Vérité)

"Pendant des années, le capitaine Ramsay a été membre du Parlement britannique. Son livre est une analyse de la guerre judéo-sioniste contre la civilisation chrétienne."

The Cross and the Flag (La croix et le drapeau)

Les Juifs disent :

"Il n'y a pas de limite aux profondeurs de la dépravation humaine ; le capitaine Maule Ramsay semble avoir fait une tentative très déterminée de sonder ces profondeurs."

The Jewish Chronicle (La Chronique juive)

"La publication d'un tel livre, à l'heure actuelle, souligne la nécessité urgente de réformer la loi afin de faire de la prédication de la haine raciale ou de la publication de calomnies sur des groupes communautaires un crime."

The Daily Worker (Le travailleur quotidien)

DÉDICACE

Ce livre est dédié à la mémoire des patriotes qui, en 1215 à Runnymede, ont signé la *Magna Carta* et de ceux qui, en 1320 à Arbroath, ont signé la *Déclaration d'indépendance*.

27 juillet 1952

PROLOGUE

Édouard Ier bannit les Juifs d'Angleterre pour de nombreux délits graves mettant en danger le bien-être de son royaume et de ses lieutenants, qui sont en grande partie indiqués dans les Statuts de la juiverie[1], promulgués par son Parlement en 1290, les Communes jouant un rôle prépondérant.

Le roi de France ne tarda pas à faire de même, tout comme d'autres souverains de l'Europe chrétienne. La situation des Juifs d'Europe devint si grave qu'ils adressèrent un appel urgent à l'aide et aux conseils du Sanhédrin, alors situé à Constantinople.

Cet appel a été envoyé sous la signature de Chemor, rabbin d'Arles en Provence, le 13 janvier 1489. La réponse est arrivée en novembre 1489, sous la signature de V.S.S. V.F.F. Prince des Juifs.

Il a conseillé aux Juifs d'Europe d'adopter la tactique du Cheval de Troie, de faire de leurs fils des prêtres, des avocats, des médecins chrétiens, etc. et de travailler à la destruction de la structure chrétienne

---

[1] Voir l'annexe 2 (les annexes suivent le dernier chapitre).

de l'intérieur.

La première répercussion notable de ce conseil s'est produite en Espagne sous le règne de Ferdinand et Isabelle. De nombreux Juifs étaient alors inscrits comme chrétiens, mais les Juifs restants travaillaient secrètement à la destruction de l'église chrétienne en Espagne.

La menace devient si grave que l'Inquisition fut instituée pour tenter de débarrasser le pays de ces conspirateurs. Une fois de plus, les Juifs furent contraints de s'exiler d'un énième pays dont ils avaient abusé de l'hospitalité.

En partant vers l'est, ces Juifs ont rejoint d'autres communautés juives d'Europe occidentale ; un nombre considérable d'entre eux se sont ensuite rendus en Hollande et en Suisse.

Désormais, ces deux pays allaient devenir des centres actifs de l'intrigue juive. Cependant, les Juifs ont toujours eu besoin d'une nation maritime puissante à laquelle s'attacher.

La Grande-Bretagne, nouvellement unie sous le règne de Jacques Ier, était une puissance navale en plein essor, qui commençait déjà à influencer les quatre coins du monde connu. Il y avait là aussi un formidable champ d'action pour l'exercice d'une pensée critique subversive, car bien qu'il s'agisse d'un royaume chrétien, ce dernier était très divisé entre protestants et catholiques.

Une campagne visant à exploiter cette division et à attiser les haines entre les communautés chrétiennes fut bientôt mise en place. On peut juger du succès des Juifs dans cette campagne en Grande-Bretagne par le fait que l'un des premiers actes de leur créature et mercenaire, Oliver Cromwell — après avoir exécuté le roi comme prévu — a été de permettre aux Juifs de revenir librement en Angleterre une nouvelle fois.

LA RÉVOLUTION BRITANNIQUE

> "Le destin a voulu que l'Angleterre soit la première nation témoin d'une série de révolutions, qui n'est pas encore terminée."

C'est par ces mots énigmatiques qu'Isaac Disraeli, le père de Benjamin, comte de Beaconsfield, commence sa biographie en deux volumes de Charles Ier, publiée en 1851. Une œuvre étonnamment détaillée et perspicace, dont la plupart des informations, dit-il, ont été obtenues à partir des archives d'un certain Melchior de Salom, envoyé français en Angleterre à cette époque.

La scène s'ouvre sur des aperçus lointains du royaume britannique fondé sur le christianisme et ses propres traditions anciennes ; ces préceptes lient la monarchie, l'Église, l'État, les nobles et le peuple dans un lien solennel auxquels font face les grondements inquiétants du calvinisme.

Calvin, venu à Genève depuis la France, où son nom a

été orthographié Cauin[2], peut-être un effort français pour épeler Cohen, a organisé un grand nombre d'orateurs révolutionnaires, dont un bon nombre a été infligé à l'Angleterre et à l'Écosse. C'est ainsi qu'ont été jetées les bases de la révolution sous le couvert de la ferveur religieuse.

Des deux côtés de la Tweed, ces démagogues ont réduit toute religion à une stricte observance du "sabbat". Pour reprendre les mots d'Isaac Disraeli :

> "La nation était habilement divisée entre sabbatariens et briseurs de sabbat." "Calvin considérait que le sabbat était une ordonnance juive, limitée au peuple sacré."

Il poursuit en disant que lorsque ces calvinistes tenaient le pays en leur pouvoir :

> "Il semblait que la religion consistait principalement en des rigueurs sabbatiques et qu'un sénat britannique avait été transformé en une compagnie de rabbins hébreux."

Et plus tard :

> "En 1650, après l'exécution du roi, une loi fut votée infligeant des peines pour une violation du sabbat."

Buckingham, Strafford et Laud sont les trois principales figures qui entouraient le roi dans ces premières étapes :

---

[2] Lors d'une réunion du B'nai B'rith à Paris, rapportée dans la "Catholic Gazette" en février 1936, on a affirmé qu'il était d'origine juive.

des hommes dont Charles pouvait compter sur la loyauté envers lui-même, la nation et l'ancienne tradition.

Buckingham, l'ami de confiance du roi Jacques Ier, et de ceux qui lui avaient sauvé la vie au moment de la conspiration de Gowrie (une sinistre association cabalistique) a été assassiné dans les premières années du règne du roi Charles dans des circonstances mystérieuses.

Strafford, qui avait été dans ses débuts enclin à suivre la faction opposée, les quitta plus tard et devint un adhérent loyal et dévoué du roi.

Cette faction de l'opposition est devenue de plus en plus hostile à Charles et au moment où elle était dirigée par Pym, elle a décidé de mettre Strafford en accusation. "Le roi", écrit Disraeli, "considérait cette faction comme ses ennemis" ; et il affirme que le chef de cette faction était le comte de Bedford.

Walsh, l'éminent historien catholique, affirme qu'un marchand de vin juif nommé Roussel était le fondateur de cette famille à l'époque Tudor. Avec la mise en accusation et l'exécution de Strafford, les puissances à l'origine de la conspiration calviniste, ou cohéniste, commencèrent à émerger depuis leur quartier-général situé dans la ville de Londres.

À cette époque, des foules armées d'"agents" (l'équivalent médiéval de "travailleurs", sans doute) ont soudainement commencé à surgir de la ville. Permettez-moi de citer Disraeli :

> "On dit qu'ils étaient dix mille… avec des armes de guerre. Il s'agissait d'une milice pour l'insurrection en tout temps et tout lieux, et on pouvait compter sur elle pour tout travail de destruction au taux le plus bas… comme ils étaient sortis avec des poignards et des matraques (de la ville), on en déduit facilement que ces bandes devaient avoir été préparées depuis longtemps."

Ce fut en effet bien le cas ; et nous devons nous rappeler ici qu'à cette époque Strafford n'était pas encore exécuté, et que la guerre civile n'était dans l'esprit de personne d'autre que de ceux qui, dans les coulisses, l'avaient évidemment résolue et planifiée depuis longtemps.

Ces foules armées d'"ouvriers" intimidaient tout le monde, y compris les deux Chambres du Parlement et le Palais à des moments critiques, exactement sur le modèle employé plus tard par les "Bandes sacrées" et les "Marseillais" dans la Révolution dite française.

Isaac Disraeli ne cesse d'établir des parallèles surprenants entre cette situation et la Révolution française, notamment dans ses passages sur la **presse, "qui n'est plus bridée"**, et le déluge de pamphlets et de tracts révolutionnaires. Il écrit :

> "De 1640 à 1660, environ 30 000 semblent avoir démarré."

Et plus tard :

> "La collection des pamphlets révolutionnaires français se trouve maintenant à côté des tracts français du temps de Charles Ier, aussi abondants en nombre et aussi féroces en passion… la main depuis les coulisses qui

> actionnait ces évènements... pouvait afficher une liste correcte de 59 roturiers, les marquant du titre odieux de 'Straffordiens' ou trahisseurs de leur pays."

La main de qui, en effet ? Mais Disraeli, qui le savait pourtant, tire maintenant discrètement un voile sur ce rideau de fer ; et c'est à nous de compléter la révélation.

Pour ce faire, nous devons nous tourner vers d'autres ouvrages tels que l'*Encyclopédie juive,* l'ouvrage de Sombart, *Les Juifs et la vie économique,* et d'autres encore. Ces ouvrages nous apprennent que Cromwell, la principale figure de la révolution, était en contact étroit avec les puissants financiers juifs de Hollande et que Manasseh Ben Israël lui versait de grosses sommes d'argent, tandis que Fernandez Carvajal, "le grand juif" comme on l'appelait, était le principal entrepreneur de la New Model Army.

Dans *Les Juifs en Angleterre,* on lit :

> "L'année 1643 amène un important contingent de Juifs en Angleterre, leur point de ralliement est la maison de l'ambassadeur portugais De Souza, un Marrane (Juif secret). Parmi eux se trouvait Fernandez Carvajal, un grand financier et contracteur de l'armée."

En janvier de l'année précédente, la tentative d'arrestation des cinq membres avait mis en mouvement violent les bandes armées d'"Opérateurs" déjà mentionnées, de la ville. Des pamphlets révolutionnaires furent diffusés à cette occasion, comme le raconte Disraeli :

> "Portant le sinistre cri insurrectionnel de 'À tes tentes,

Israël'."

Peu après, le roi et la famille royale ont quitté le palais de Whitehall.

Les cinq membres, accompagnés par des foules armées et des bannières, ont eu droit à un retour triomphal à Westminster. Le décor était désormais planté pour l'avènement de Carvajal et de ses Juifs et l'ascension de leur créature le dictateur sanglant Cromwell.

La scène change maintenant. La guerre civile a suivi son cours. Nous sommes en 1647 : Naseby a été gagné et perdu. Le Roi est virtuellement prisonnier, mais traité comme un invité d'honneur à Holmby House.

Selon une lettre publiée dans *Plain English* (une revue hebdomadaire publiée par la North British Publishing Co. et éditée par feu Lord Alfred Douglas) le 3 septembre 1921 :

> "Les Sages existent depuis beaucoup plus longtemps qu'on ne le pense. Mon ami, M. L. D. van Valckert, d'Amsterdam, m'a récemment envoyé une lettre contenant deux extraits de la synagogue de Mulheim. Le volume dans lequel ils sont contenus a été perdu à un moment donné pendant les guerres napoléoniennes, et est récemment entré en possession de M. van Valckert. Il est écrit en allemand et contient des extraits de lettres envoyées et reçues par les autorités de la synagogue de Mulheim. La première entrée qu'il m'envoie est celle d'une lettre reçue :
>
> *16 juin 1647*

> *De O.C. (i.e. Oliver Cromwell),*
> *par Ebenezer Pratt.*
>
> *En échange d'un soutien financier, il préconise l'admission des Juifs en Angleterre : ceci est cependant impossible du vivant de Charles.*
>
> *Charles ne peut être exécuté sans procès, dont les motifs adéquats n'existent pas à l'heure actuelle. C'est pourquoi nous conseillons l'assassinat de Charles, mais nous ne participerons pas au recrutement d'un assassin, tout en étant prêts à l'aider à s'échapper.*

En réponse, la lettre suivante a été envoyée :

> *12 juillet 1647*
>
> *À O.C. par E. Pratt.*
>
> *Accordera une aide financière dès que Charles aura disparu et que les Juifs seront réadmis. L'assassinat est trop dangereux. Charles doit avoir la possibilité de s'échapper : sa capture rendra le procès et l'exécution possibles. L'aide sera généreuse, mais inutile de discuter des conditions avant le début du procès.*

Avec ces informations maintenant à notre disposition, les mouvements ultérieurs de la part des régicides ressortent avec une clarté nouvelle. Le 4 juin 1647, Cornet Joyce, agissant sur les ordres secrets de Cromwell lui-même, et, selon Disraeli, inconnu même du général en chef Fairfax, descendit à Holmby House avec 500 soldats révolutionnaires et s'empara du roi. Selon Disraeli :

> "Le plan a été arrangé le 30 mai lors d'une réunion secrète tenue dans la maison de Cromwell, bien que plus tard Cromwell prétende que c'était sans son accord."

Ce mouvement coïncide avec un développement soudain dans l'armée : la montée des "niveleurs" et des "rationalistes". Leurs doctrines étaient celles des révolutionnaires français ; en fait, ce que nous connaissons aujourd'hui sous le nom de communisme. Ce sont les régicides qui, à quatre reprises, ont "purgé" le Parlement, jusqu'à ce qu'il ne reste finalement que 50 membres, eux-mêmes communistes, connus plus tard sous le nom de Rump.

Revenons à la lettre de la synagogue de Mulheim du 12 juin 1647, et à sa suggestion astucieuse que la tentative d'évasion serve de prétexte à l'exécution du monarque. C'est exactement ce qui s'est passé le 12 novembre de la même année. Hollis et Ludlow considèrent la fuite comme un stratagème de Cromwell. Isaac Disraeli déclare :

> "Les historiens contemporains ont décidé que le roi, depuis le jour de sa déportation de Holmby jusqu'à sa fuite sur l'île de Wight, a toujours été la dupe de Cromwell."

Il ne reste plus grand-chose à dire. Cromwell avait exécuté les ordres de la Synagogue, et il ne restait plus qu'à mettre en scène le faux procès.

Les manœuvres de positionnement se poursuivirent

pendant un certain temps. Et il devint évident que la Chambre des Communes, même dans son état partiellement "purgé", était favorable à un accord avec le Roi. Le 5 décembre 1648, la Chambre a siégé toute la nuit et a finalement adopté la question suivante : "Que les concessions du roi sont satisfaisantes pour établir un accord".

Si un tel accord avait été conclu, bien entendu, Cromwell n'aurait pas reçu les importantes sommes d'argent qu'il espérait obtenir des Juifs. Il frappa à nouveau. Dans la nuit du 6 décembre, le colonel Pryde, sur ses instructions, effectua la dernière et la plus célèbre "purge" de la Chambre des Communes, connue sous le nom de "Purge de Pryde".

Le 4 janvier, le reliquat communiste de 50 membres, le Rump, s'investit de "l'autorité suprême".

Le 9 janvier, une "Haute Cour de Justice" chargée de juger le roi est proclamée. Les deux tiers de ses membres sont des niveleurs de l'armée. Algernon Sidney met en garde Cromwell : "Premièrement, le Roi ne peut être jugé par aucune cour. Deuxièmement, aucun homme ne peut être jugé par cette cour."

C'est ce qu'écrit Hugh Ross Williamson dans son *Charles and Cromwell* ; et il ajoute une touche finale à l'effet que "aucun avocat anglais n'a pu être trouvé pour rédiger l'acte d'accusation, qui a finalement été confiée à un étranger accommodant, le juif Isaac Dorislaus".

Il va sans dire qu'Isaac Dorislaus était exactement le même type d'étranger que Carvajal, Manasseh Ben Israël et les autres financiers qui ont versé au "Protecteur" le prix du sang.

Les Juifs furent ainsi à nouveau autorisés à débarquer librement en Angleterre, malgré les vives protestations du sous-comité du Conseil d'État, qui déclare qu'ils constitueraient une grave menace pour l'État et la religion chrétienne. C'est peut-être en raison de leurs protestations que l'acte de bannissement n'a jamais été abrogé à ce jour.

> "La révolution anglaise sous Charles Ier n'a ressemblé à aucune autre précédente […]. À partir de cette époque et de cet événement, nous contemplons dans notre histoire les phases ascendantes de la révolution."
>
> Isaac Disraeli

De nombreux autres suivront sur le même modèle, notamment en France.

En 1897, un autre indice important sur ces événements mystérieux est tombé entre les mains des Gentils sous la forme des *Protocoles des Sages de Sion*. Dans ce document, nous lisons cette phrase remarquable :

> *"Souvenez-vous de la Révolution française, les secrets de sa préparation nous sont bien connus car elle a été entièrement l'œuvre de nos mains"* [Protocole n° 3].

Les Sages auraient pu rendre le passage encore plus complet, et écrire : "Souvenez-vous des révolutions britannique et française, dont les secrets nous sont bien connus, car elles ont été entièrement l'œuvre de nos mains."

Le difficile problème de l'assujettissement des deux royaumes n'était cependant pas encore résolu. L'Écosse était royaliste avant tout ; et elle avait proclamé roi Charles II. Les armées de Cromwell marchaient autour de l'Écosse, aidées par leurs sympathisants genevois, dispensant la barbarie judaïque ; mais l'Écosse maintenait toujours son allégeance au roi Charles II qui avait en outre accepté la forme presbytérienne du christianisme pour l'Écosse. C'est ainsi que lentement mais sûrement, l'opinion en Angleterre commença à se rapprocher du point de vue écossais.

Enfin, à la mort de Cromwell, toute la Grande-Bretagne se félicita de la restauration du roi sur le trône d'Angleterre.

En 1660, Charles II revint, mais il y avait une différence importante entre le royaume qu'il avait fui lorsqu'il était enfant et celui dans lequel il revint en tant que roi. Les ennemis de la royauté étaient maintenant retranchés à l'intérieur de son royaume et le décor était planté pour renouveler la propagande contre la papauté et ainsi diviser une fois de plus les personnes, qui se considéraient toutes comme faisant partie de l'Église du Christ. C'est ainsi que la prochaine attaque devait se développer.

Cet assaut visait à placer le contrôle des finances des deux royaumes entre les mains des Juifs, qui y étaient désormais solidement installés.

Charles n'avait manifestement aucune conscience du

problème ou des projets juifs, ni de la menace qu'ils représentaient pour ses peuples. La sagesse et l'expérience d'Édouard Ier s'étaient perdues dans les siècles de ségrégation du virus juif. Il avait cependant conservé la conscience du danger que représentait pour la Couronne le fait de mettre ses ennemis en possession de l'arme d'un "complot papiste".

Avec l'avènement de Jacques II, la crise ne pouvait être longtemps retardée. Les pamphlets et la propagande les moins scrupuleux ne tardèrent pas à battre leur plein contre lui, et il n'est pas surprenant de constater que nombre des pamphlets les plus vils avaient été imprimés en Hollande. Ce pays était désormais ouvertement le point de convergence de tous les mécontents, et des allées et venues considérables eurent lieu au cours de ces années.

Des histoires étaient rapportées au roi selon lesquelles son propre beau-frère s'était joint à ceux qui complotaient contre lui, mais il refusa catégoriquement de les croire ou de prendre des mesures jusqu'à ce qu'il apprenne que l'expédition contre lui était effectivement en cours.

Le personnage principal parmi ceux qui ont déserté Jacques à ce moment crucial était John Churchill, premier duc de Marlborough. Il est intéressant de lire dans l'*Encyclopédie juive* que ce duc a reçu pendant de nombreuses années pas moins de 6 000 livres par an du juif hollandais Solomon Medina.

Le véritable objectif de la "Glorieuse Révolution" a été atteint quelques années plus tard, en 1694, lorsque le consentement royal a été donné pour la création de la "Banque d'Angleterre" et l'institution de la dette nationale.

Cette charte confiait à un comité anonyme la prérogative royale de frapper la monnaie, **convertissant la base de la richesse en or** et permettait aux prêteurs internationaux de garantir leurs prêts sur les impôts du pays, au lieu de l'engagement douteux d'un souverain ou d'un potentat, qui était la seule garantie qu'ils pouvaient obtenir auparavant.

À partir de ce moment-là, une machine économique a été mise en marche, qui a fini par réduire toutes les richesses aux **termes fictifs de l'or contrôlé par les Juifs**, et a drainé le sang de la terre, la vraie richesse qui était le droit de naissance des peuples britanniques.[3]

L'union politique et économique de l'Angleterre et de l'Écosse fut peu de temps après imposée à l'Écosse avec une corruption généralisée et au mépris des protestations officielles de chaque comté et arrondissement. Les principaux objectifs de l'Union étaient de supprimer la Monnaie royale d'Écosse et de lui imposer la responsabilité de la "dette nationale".

L'emprise du prêteur juif est désormais totale dans toute

---

[3] Le système économique le plus performant de l'Allemagne n'était PAS soutenu par l'or. Il échappait à l'emprise sanguinaire des Maîtres de l'argent juifs sionistes, c'est pourquoi "l'Allemagne devait être détruite" et Adolf Hitler vilipendé à travers les âges afin que les personnes non informées exigent de leur gouvernement le retour à l'étalon-or. Nde.

la Grande-Bretagne. Le danger était que les membres du nouveau Parlement mixte remettent tôt ou tard en question cet état de choses, dans l'esprit de leurs ancêtres. Pour y parer, le **système des partis** a donc été mis en place, frustrant la véritable réaction nationale et permettant aux tireurs de ficelles de diviser pour mieux régner ; utilisant leur pouvoir financier nouvellement établi pour s'assurer que leurs propres hommes et leurs propres pantins politiques obtiendraient la vedette et un soutien suffisant de leurs journaux, de leurs pamphlets et de leurs comptes bancaires pour l'emporter.

L'or allait bientôt devenir la base des prêts, dix fois la taille du montant déposé. En d'autres termes, 100 livres d'or constituaient une garantie légale pour un prêt de 1 000 livres ; à 3 %, 100 livres d'or pouvaient donc rapporter 30 livres d'intérêts par an sans que le prêteur ait à se soucier davantage de la tenue de quelques registres que ce soit.

Le propriétaire de 100 livres de terre, cependant, doit encore travailler chaque heure du jour afin de gagner peut-être 4 %. La finalité de ce processus ne devait être qu'une question de temps. Les prêteurs devinrent millionnaires ; ceux qui possédaient et travaillaient la terre, l'Anglais et l'Écossais, finirent ruinés. Le processus s'est poursuivi inexorablement jusqu'à aujourd'hui, où il est presque achevé.

Cette réalité cruelle a été hypocritement camouflée par une propagande habile consistant à prétendre qu'elle aidait les pauvres en pillant les riches. En réalité, il n'en a jamais rien été. Il s'est agi principalement de la ruine délibérée des propriétaires fonciers, qui formait alors la classe dirigeante des Gentils, et de leur remplacement par les financiers juifs et leurs acolytes.

LA RÉVOLUTION FRANÇAISE

La Révolution française de 1789 a été l'événement le plus surprenant de l'histoire de l'Europe depuis la chute de Rome.

Un nouveau phénomène est alors apparu au monde. Jamais auparavant une foule n'avait apparemment organisé une révolution réussie contre toutes les autres classes de l'État, sous des slogans retentissants, mais tout à fait absurdes, et avec des méthodes ne portant aucune trace des principes inscrits dans ces slogans.

Jamais auparavant une section d'une nation n'avait conquis toutes les autres sections, et encore moins balayé tous les éléments de la vie et de la tradition nationales, depuis le roi, la religion, les nobles, le clergé, la constitution, le drapeau, le calendrier et les noms de lieux, jusqu'à la monnaie.

Un tel phénomène mérite la plus grande attention, d'autant plus qu'il a été suivi d'épidémies identiques dans de nombreux pays.

La principale découverte qu'un tel examen permettra de faire est ce fait :

La révolution n'a pas été l'œuvre de Français pour améliorer la France. C'était l'œuvre d'étrangers, dont l'objet était de détruire tout ce qui avait été la France d'autrefois.

Cette conclusion est confirmée par les références aux "étrangers" occupant des postes élevés dans les conseils révolutionnaires, non seulement par Sir Walter Scott, mais par Robespierre lui-même.

Nous avons les noms de plusieurs d'entre eux, et il est clair qu'il ne s'agissait pas de Britanniques, d'Allemands, d'Italiens ou d'autres ressortissants, mais bien de Juifs.

Voyons ce que les Juifs eux-mêmes ont à dire à ce sujet :

> *"Rappelez-vous la Révolution française à laquelle c'est nous qui avons donné le nom de "Grande". Les secrets de sa préparation nous sont bien connus car elle a été entièrement l'œuvre de nos mains."*

Protocoles de Sion N°7.

> *"Nous avons été les premiers à crier parmi les masses populaires les mots 'Liberté, Égalité, Fraternité'. Les perroquets stupides des Gentils se sont jetés de tous côtés sur ces appâts, et ont emporté avec eux le bien-être du monde. Les hommes prétendument sages des Gentils étaient si stupides qu'ils ne pouvaient pas voir que dans la nature il n'y a pas d'égalité, et qu'il ne peut y avoir de liberté (c'est-à-dire, bien sûr, la liberté telle que l'entendent les socialistes et les communistes, la liberté de détruire son propre pays)."*

Protocoles de Sion N°1.

Avec cette connaissance en notre possession, nous découvrirons que nous possédons une clé maîtresse des événements complexes de la Révolution française. L'image quelque peu confuse de personnages et d'événements se déplaçant sur l'écran, que nos livres d'histoire nous ont montrée, deviendra soudainement un drame humain concerté et connecté.

Lorsque nous commencerons à établir des parallèles entre la France de 1789, la Grande-Bretagne de 1640, la Russie de 1917, l'Allemagne et la Hongrie de 1918-19, et l'Espagne de 1936, nous sentirons que le drame nous saisit d'un sens nouveau et personnel de la réalité.

"La révolution est un coup porté à un paralytique."

Même dans ce cas, il est évident qu'une organisation immense, de vastes ressources, ainsi qu'une ruse et un secret bien supérieurs à l'ordinaire sont nécessaires à la réussite de sa préparation.

Il est en effet étonnant que l'on puisse supposer que les "foules" ou "le peuple" aient jamais entrepris, ou puissent entreprendre, une opération aussi compliquée et coûteuse. Aucune erreur ne pourrait d'ailleurs être plus dangereuse, car elle aboutira à une incapacité totale à reconnaître la véritable signification des événements, ou la source et le centre d'intérêt d'un mouvement révolutionnaire.

Le processus ou la révolution organisatrice est considéré comme étant d'abord l'infliction de la paralysie, et ensuite, la frappe du ou des coups fatals. C'est pour le premier processus, la production de la paralysie, que le secret est essentiel. Ses signes extérieurs sont la dette, la perte du contrôle de la presse et l'**existence d'organisations secrètes influencées par des étrangers dans l'État condamné.**

La **dette**, en particulier la dette internationale, **est la première et la plus puissante des emprises**. Grâce à elle, des hommes haut placés sont subornés et des pouvoirs et influences étrangers sont introduits dans le corps politique. Lorsque l'emprise de la dette est fermement établie, le contrôle de toute forme de publicité et d'activité politique suit rapidement, ainsi qu'une emprise totale sur l'industrie et le commerce.

Le décor du coup révolutionnaire est alors planté. L'emprise de la droite de la finance a établi la paralysie ; tandis que c'est la gauche révolutionnaire qui tient le poignard et porte le coup fatal. La corruption morale facilite l'ensemble du processus.

En 1780, la paralysie financière fait son apparition en France. Les grands financiers du monde sont solidement implantés.

> "Ils possédaient une si grande part des stocks d'or et d'argent du monde, qu'ils tenaient la plupart de l'Europe grâce à leur dette, y compris la France."

C'est ce qu'écrit M. McNair Wilson dans sa *Vie de Napoléon*, et il poursuit à la page 38 :

> "Un changement d'une nature fondamentale s'était

produit dans la structure économique de l'Europe, par lequel l'ancienne base avait cessé d'être la richesse pour devenir la dette. Dans l'ancienne Europe, la richesse se mesurait en terres, en récoltes, en troupeaux et en minéraux ; mais un nouvel étalon avait été introduit, à savoir une forme de monnaie à laquelle on avait donné le titre de "crédit"."

Les dettes du Royaume de France, bien qu'importantes, n'étaient pas insurmontables, sauf en termes d'or : et si les conseillers du Roi avaient décidé d'émettre de la monnaie sur la garantie des terres et des richesses réelles de la France, la situation aurait pu être assez facilement redressée. En réalité, la situation était solidement ancrée entre les mains des financiers, qui ne pouvaient ou ne voulaient pas rompre avec le système imposé par les usuriers internationaux.

Sous une telle faiblesse, ou méchanceté, les liens de l'usure ne pouvaient que devenir plus lourds et plus terribles, car les dettes étaient libellées en termes d'or ou d'argent, que la France ne produisait ni l'un ni l'autre.

Et qui étaient les potentats de la nouvelle machine à endetter, ces manipulateurs d'or et d'argent, qui avaient réussi à bouleverser les finances de l'Europe et à remplacer la richesse réelle par des millions et des millions de prêts usuraires ?

La regrettée Lady Queensborough dans son important ouvrage *Occult Theocracy*, nous donne certains noms remarquables, en s'inspirant de *L'Antisémitisme, son histoire et ses causes* du juif Bernard Lazare, 1894.

À Londres, elle cite les noms de Benjamin Goldsmid et

de son frère Abraham Goldsmid, de Moses Mocatta, leur associé, et de son neveu Sir Moses Montifiore, comme étant directement impliqués dans le financement de la Révolution française, ainsi que Daniel Itsig de Berlin et son gendre David Friedlander, ainsi que Herz Cerfbeer d'Alsace. Ces noms rappellent les *Protocoles de Sion*, et en consultant le numéro 20, nous lisons :

> "L'étalon-or a été la ruine des États qui l'ont adopté, car il n'a pas permis de satisfaire la demande de monnaie, d'autant plus que nous avons retiré l'or de la circulation autant que possible."

Et encore :

> "Les prêts sont suspendus comme une épée de Damoclès au-dessus de la tête des dirigeants qui viennent mendier auprès de nous avec la paume tendue."

Aucun mot ne pourrait décrire plus justement ce qui accablait alors la France. Sir Walter Scott, dans sa *Vie de Napoléon*, vol. 1, décrit ainsi la situation :

> "Ces financiers se servaient du gouvernement comme les prodigues en faillite sont traités par les usuriers, qui nourrissent d'une main leurs extravagances, de l'autre arrachent à leurs fortunes ruinées les plus déraisonnables rétributions de leurs avances. Par une longue succession de ces emprunts ruineux, et des divers droits accordés pour les garantir, l'ensemble des finances de la France a été amené à une confusion totale."

Le principal ministre des Finances du roi Louis pendant

ces dernières années de confusion croissante était Necker, "un Suisse" d'origine allemande, fils d'un professeur d'allemand dont parle McNair Wilson :

> "Necker s'était introduit de force dans le Trésor du Roi en tant que représentant du système de la dette ayant fait allégeance à ce système."

On peut facilement imaginer quelle politique cette allégeance inspirait à Necker ; et si l'on ajoute à cela que ses antécédents étaient ceux d'un spéculateur audacieux et sans scrupules, on comprend que les finances nationales de la France, sous son égide funeste, se soient rapidement dégradées, de sorte qu'après quatre ans de ses manipulations, le malheureux gouvernement du roi avait contracté une dette supplémentaire et bien plus grave de 170 000 000 de livres.

En 1730, la franc-maçonnerie avait été introduite en France depuis l'Angleterre. En 1771, le mouvement avait atteint de telles proportions que Philippe Duc de Chartres puis d'Orléans en devint le Grand Maître. Ce type de franc-maçonnerie était largement innocent, à la fois en termes de politique et de fréquentation dans ses premiers jours ; mais comme les événements l'ont prouvé, les véritables esprits moteurs étaient des hommes impitoyables et sans scrupules.

Le Duc d'Orléans n'était pas l'un de ces derniers. Bien qu'il fût un homme de peu de principes, un libertin extravagant, vaniteux et ambitieux, il n'avait pas d'autres motifs que l'éviction du roi et l'établissement d'une monarchie démocratique avec lui-même à sa tête.

N'ayant en outre que peu d'intelligence, il était le cheval de trait idéal pour la première étape, la plus modérée, de la révolution, et l'instrument volontaire d'hommes qu'il connaissait probablement à peine, et qui **l'envoyèrent à la guillotine peu après que son rôle ignominieux eut été joué**.

Le marquis de Mirabeau qui lui succéda comme figure de proue de la Révolution joua à peu près le même rôle. C'était un homme bien plus habile que d'Orléans, mais tellement libertin qu'il fut rejeté par toute sa propre classe et emprisonné plus d'une fois à la demande de son propre père. On sait qu'il a été financé par Moses Mendelssohn [4], chef des Illuminati juifs, et qu'il fréquentait davantage la juive Mme Herz que son mari. Il n'a pas seulement été une figure de proue de la franc-maçonnerie française dans les années respectables, mais il a introduit l'illuminisme en France.

Cet Illuminisme était une société révolutionnaire secrète dissimulée derrière la franc-maçonnerie. Les Illuminati ont pénétré dans toutes les loges de la franc-maçonnerie du Grand Orient, et étaient soutenus et organisés par les banquiers Juifs cabalistes.

Il est intéressant de noter que le duc d'Orléans et Talleyrand ont tous deux été initiés à l'illuminisme par Mirabeau peu après que ce dernier l'ait introduit en

---

[4] Moses Mendelssohn est le "juif érudit" qui aurait dit que : "Le judaïsme n'est pas une religion. C'est une loi rendue religieuse". À mon sens, cela revient à dire que "le judaïsme est un programme politique (de domination mondiale) enveloppé dans un manteau de religion".

France, depuis Francfort, où son quartier général avait été établi en 1782 sous la direction d'Adam Weishaupt.

En 1785, il s'est produit un événement étrange, qui donne l'impression que les puissances célestes elles-mêmes ont tenté au dernier moment de mettre en garde la France et l'Europe contre ces puissances du mal qui se rassemblaient :

La foudre a tué un messager des Illuminati à Ratisbonne.

La police a trouvé sur le corps des papiers traitant de plans pour une révolution mondiale.

Le gouvernement bavarois a alors fait fouiller le siège des Illuminati, et de nombreuses autres preuves ont été découvertes.

Les autorités françaises ont été informées, mais le **processus de paralysie était trop avancé, et aucune action efficace n'a été entreprise**.

En 1789, il y avait en France plus de deux mille loges affiliées au Grand Orient, l'outil direct de la révolution internationale, et leurs adeptes étaient plus de 100 000. C'est ainsi que l'illuminisme juif de Moïse Mendelssohn et l'illuminisme maçonnique de Weishaupt ont été établis comme les contrôles internes d'une puissante organisation secrète couvrant toute la France.

C'est sous les Illuminati qu'opérait la franc-maçonnerie du Grand Orient, et c'est sous cette dernière que la maçonnerie bleue, ou nationale, avait opéré jusqu'à ce qu'elle soit convertie du jour au lendemain en maçonnerie du Grand Orient par Philippe d'Orléans en 1773. Philippe-Égalité était loin de se douter des pouvoirs sataniques qu'il invoquait, lorsqu'il a pris cette mesure. Le nom Lucifer signifie "Porteur de lumière" ; et Illuminati ceux qui ont été éclairés par cette lumière de la révolte satanique contre l'ordre divin voulu par le créateur sur sa création.

Lorsque les États généraux se réunissent à Versailles le 5 mai 1789, la paralysie du pouvoir exécutif par les organisations secrètes est complète. La paralysie par le contrôle de l'opinion publique et des organes de presse était également bien avancée à ce moment-là. C'est ainsi qu'elle s'est accomplie.

En 1780, le revenu total de 800 000 livres de d'Orléans, grâce à ses jeux d'argent et ses extravagances, est hypothéqué auprès des prêteurs.

En 1781, en échange d'un accommodement, il signa des papiers qui remettaient son palais, ses domaines et sa maison, le Palais Royal, à ses créanciers, avec le pouvoir d'y former un centre de politique, d'impression, de pamphlet, de jeu, de conférences, de bordels, de boutiques de vin, de théâtres, de galeries d'art, d'athlétisme et de tout autre usage, qui prit par la suite la forme de toutes sortes de débauches publiques.

En fait, les maîtres financiers de Philippe-Égalité ont utilisé son nom et ses biens pour mettre en place un colossal organisme de promotion et de corruption, qui faisait appel à tous les instincts les plus bas de la nature humaine, et inondait les énormes foules ainsi rassemblées de la production sale, diffamatoire et révolutionnaire de ses presses à imprimer et de ses clubs de débat.

Comme Scudder l'écrit dans *Un Prince du sang* :

> "La police avait plus à faire que dans les autres quartiers de la ville."

Il est intéressant de noter que le directeur général installé par les créanciers au Palais royal était un certain de Laclos, aventurier politique d'origine étrangère, auteur des *Liaisons Dangereuses*, et d'autres ouvrages pornographiques, dont on disait qu'il "étudiait la politique de l'amour à cause de son amour de la politique."

Ce flot continu de corruption et de propagande destructrice était lié à une série d'attaques personnelles systématiques de la nature la plus vile et la moins scrupuleuse contre tous les personnages publics que les Jacobins jugeaient susceptibles de se mettre en travers de leur chemin. Ce processus était connu sous le nom de "L'infamie".

Marie-Antoinette elle-même était l'une des principales cibles de cette forme d'attaque typiquement juive. Aucun mensonge ou abus n'était trop vil pour être dirigé contre elle. Plus intelligente, plus alerte et plus vigoureuse que le faible et indolent Louis, Marie-Antoinette représentait un obstacle considérable à la révolution. De plus, elle avait reçu de nombreux avertissements concernant la franc-maçonnerie de la part de sa sœur en Autriche et était sans doute plus consciente de sa signification que lorsqu'elle avait écrit à sa sœur quelques années auparavant :

> "Je crois qu'en ce qui concerne la France, vous vous inquiétez trop de la franc-maçonnerie. Ici, elle est loin d'avoir l'importance qu'elle peut avoir ailleurs en Europe. Ici, tout est ouvert et on sait tout. Alors où pourrait être le danger ?
>
> On pourrait s'inquiéter s'il s'agissait d'une société secrète politique. Mais au contraire le gouvernement la laisse se répandre, et elle n'est que ce qu'elle paraît, une association dont les objets sont l'union et la charité.
>
> On y dîne, on y chante, on y parle, ce qui a donné au Roi l'occasion de dire que les gens qui boivent et chantent ne sont pas suspects d'organiser des complots. Ce n'est pas non plus une société d'athées, car on nous dit que Dieu est sur les lèvres de tous. Ils sont très charitables. Ils élèvent les enfants de leurs membres pauvres et morts. Ils dotent leurs filles. Quel mal y a-t-il à tout cela ?"

Quel mal y avait-il en effet à ce que ces prétentions irréprochables ne masquent pas de plus sombres desseins ? Sans doute les agents de Weishaupt et de Mendelssohn leur ont-ils rapporté le contenu de la lettre de la Reine ; et nous pouvons les imaginer secoués de rire, et se frottant les mains avec satisfaction ; des mains qui trépignaient d'impatience de détruire la vie de la France et de sa Reine ; et qui, à l'heure appropriée, donneraient le signal qui convertirait la conspiration secrète en "massacres de septembre" et en bains de sang génocidaire sous le couperet de la guillotine.

Afin de poursuivre la campagne de calomnie contre la reine, un canular élaboré a été organisé à l'époque où les financiers et les spéculateurs céréaliers créaient délibérément des conditions de pauvreté et de faim à Paris.

Un collier de diamants d'une valeur de près d'un quart de million a été commandé chez les bijoutiers de la Cour au nom de la Reine par un agent des Jacobins. La malheureuse Reine n'a rien su de cette affaire jusqu'à ce que le collier lui soit présenté pour acceptation, lorsqu'elle a naturellement nié toute implication dans cette affaire, soulignant qu'elle aurait considéré comme une erreur de commander une telle chose alors que la France était dans une si mauvaise situation financière.

Les presses du Palais Royal, cependant, tournèrent à plein régime pour commenter le sujet, et toutes sortes de critiques furent adressées à la Reine.

Un autre scandale fut alors préparé pour alimenter les presses. Une prostituée du Palais Royal fut engagée pour se déguiser en Reine ; et par l'intermédiaire d'une fausse lettre le Cardinal Prince de Rohan fut induit à rencontrer la prétendue Reine vers minuit au Palais Royal, supposant que cette dernière lui demanderait conseil et aide au sujet de l'affaire du collier.

Cet événement, il va sans dire, fut immédiatement rapporté aux imprimeurs et aux pamphlétaires, qui lancèrent une nouvelle campagne contenant les insinuations les plus infâmes que l'on puisse imaginer sur toute cette affaire. Le cerveau de la scène était Cagliostro, alias Joseph Balsamo, un juif de Palerme, docteur en art cabalistique et membre des Illuminati, aux rites desquels il avait été initié à Francfort par Weishaupt en 1774.

Lorsque le collier a finalement rempli sa fonction, il a été envoyé à Londres, où la plupart des pierres ont été conservées par le juif Eliason. Des attaques de même nature furent dirigées contre de nombreuses autres personnes honnêtes, qui résistaient à l'influence des clubs jacobins. Après huit ans de ce travail, le processus de paralysie par la maîtrise de l'opinion par la presse était terminé.

Ainsi, à tous égards, en 1789, lorsque les financiers obligèrent le roi à convoquer les États généraux, la première partie de leurs plans de révolution (c'est-à-dire la paralysie) était accomplie. Il ne restait plus qu'à porter le coup, ou la série de coups, qui devait dépouiller la France de son trône, de son église, de sa constitution, de ses nobles, de son clergé, de sa classe laborieuse, de sa bourgeoisie, de ses traditions et de sa culture, laissant à leur place, une fois le travail de la guillotine terminé, des citoyens coupeurs de bois et tireurs d'eau sous une dictature financière étrangère.

À partir de 1789, les actes révolutionnaires se succèdent, plus violents les uns que les autres, avec de nouvelles exigences et des chefs plus violents sous couvert d'une orthoxie révolutionnaire toujours plus sévère. À son tour, chacun de ces chefs, qui n'étaient jamais qu'une assemblée de marionnettes entre les mains des véritables puissances de la révolution, est écarté ; et sa tête roule dans le panier pour rejoindre celles de ses victimes d'hier.

Philippe-Égalité, duc d'Orléans, a servi à préparer le terrain pour la révolution ; à protéger de son nom et de son influence les débuts du club révolutionnaire ; à populariser la franc-maçonnerie et le Palais Royal ; et à parrainer des actes tels que la marche des femmes vers Versailles.

Les "femmes" à cette occasion étaient pour la plupart des hommes déguisés. D'Orléans pensait que le Roi et la Reine seraient assassinés par cette foule, et que lui-même se proclamerait le Roi-démocrate. Les véritables organisateurs de la marche, cependant, avaient d'autres plans en vue.

L'un des principaux objectifs était d'obtenir le déplacement de la famille royale à Paris, où elle serait à l'abri de la protection de l'armée et sous le pouvoir de la Commune ou du Conseil général de Paris qui se trouvait sous l'entier contrôle des Jacobins.

Ils continuèrent à se servir du naïf Philippe-Égalité jusqu'au moment du vote sur la mort du roi, où il couronna sa sordide carrière en prenant la tête du vote à main levée pour l'exécution de son cousin. Ses maîtres n'eurent plus besoin de ses services et il le rejoignit bien vite sous la guillotine au milieu des exécrations de toutes les classes du peuple qu'il avait contribué à diviser et à trahir pour le compte de ses commanditaires juifs.

Mirabeau joua un rôle similaire à celui d'Égalité. Il avait voulu que la révolution s'arrête avec l'intronisation de Louis XVI comme monarque démocratique dont il serait le principal conseiller. Il ne souhaitait pas que l'on fasse violence au roi. Au contraire, dans les derniers jours qui précédèrent sa mort mystérieuse par le poison, il déploya tous ses efforts pour que le roi soit éloigné de Paris et confié à des généraux loyaux qui commandaient encore son armée.

Il était le dernier des modérés et des monarchistes à dominer le club des Jacobins de Paris, ce foyer sanguinaire de la révolution, qui s'était matérialisé à partir des clubs secrets des francs-maçons du Grand Orient et des Illuminati. C'est la voix de Mirabeau, forte et résonnante, qui a permis de contenir la rage croissante des fanatiques meurtriers qui pressaient le tribunal populaire de voter la mort du roi-martyr.

Il ne fait aucun doute qu'il a enfin perçu la véritable nature et la force de la bête, qu'il avait travaillé si longtemps et si laborieusement à déchaîner. Dans sa dernière tentative pour sauver la famille royale en la faisant sortir de Paris, il réussit à faire taire toute opposition au sein du club des Jacobins. Le soir même, il mourut d'une maladie soudaine et violente ; et, comme l'écrit l'auteur du *Collier de Diamants* :

> "Louis XVI n'ignorait pas que Mirabeau avait été empoisonné."

Ainsi, comme Philippe Égalité, et plus tard Danton et Robespierre, Mirabeau a lui aussi été retiré de la scène une fois son rôle accompli. Cela nous rappelle le passage du numéro 15 des *Protocoles de Sion* :

> *"Nous exécutons les maçons de telle manière que personne, à part la confrérie, ne peut le soupçonner."*

Et encore :

> *"C'est ainsi que nous procédons avec les maçons goys*

qui en savent trop."

Comme l'écrit M. E. Scudder dans sa *Vie de Mirabeau* :

"Il est mort à un moment où la révolution aurait pu encore être évitée."

La figure de Lafayette occupe la scène en plusieurs occasions importantes au cours de ces premières étapes révolutionnaires. Il était l'un de ces simples francs-maçons, qui sont portés au pinacle par on ne sait trop quelle puissance, dans un navire qu'ils n'ont pas entièrement exploré, et par des courants dont ils ignorent tout eux-mêmes.

Bien qu'il fut une figure populaire auprès des foules révolutionnaires, il géra très sévèrement plusieurs flambées de violence révolutionnaire, notamment lors de la marche des femmes vers Versailles, pendant l'attaque des Tuileries, et au Champs de Mars. Il souhaitait lui aussi l'établissement d'une monarchie démocratique et ne tolèrait aucune menace contre le roi, même de la part de Philippe Égalité, qu'il traita avec la plus grande hostilité pendant et après la marche des femmes vers Versailles, croyant à cette occasion qu'Égalité avait l'intention d'assassiner le roi et d'usurper la couronne.

Il devint manifestement un obstacle pour les puissances à l'origine de la révolution, et fut envoyé à la guerre contre l'Autriche, que l'Assemblée obligea Louis XVI à déclarer. Il se précipita une fois à Paris pour tenter de sauver le roi, mais il fut à nouveau renvoyé à la guerre. La mort de Mirabeau suivit, et le destin de Louis fut scellé.

Les figures sauvages de Danton, Marat, Robespierre et les fanatiques du club des Jacobins dominèrent désormais la scène politique de la France.

En septembre 1792, les terribles "massacres de septembre" furent perpétrés ; 8 000 personnes assassinées dans les seules prisons de Paris, et bien plus encore dans tout le pays.

Il convient de noter ici que ces victimes furent arrêtées et détenues jusqu'au moment du massacre dans les prisons par un certain Manuel, procureur de la Commune. Sir Walter Scott en savait manifestement beaucoup sur les influences qui s'exerçaient dans les coulisses. Dans sa *Vie de Napoléon*, vol. 2, il écrit à la page 30 :

> "La demande de la Commune de Paris[5], devenue le Sanhédrin des Jacobins, était, bien sûr, le sang."

Encore une fois, à la page 56, il écrit :

> "Le pouvoir des Jacobins était irrésistible à Paris, où Robespierre, Danton et Marat se partageaient les hauts lieux de la synagogue."

En parlant de la Commune, Sir Walter Scott déclare dans le même ouvrage :

> "Les principaux dirigeants de la Commune semblent avoir été des étrangers."

---

[5] Le conseil général de Paris, équivalent du L.C.C. à Londres.

Certains des noms de ces "étrangers" sont dignes d'intérêt :

Il y avait Choderlos de Laclos, directeur du Palais Royal, que l'on disait d'origine espagnole. Il y avait Manuel, l'avocat de la Commune, déjà mentionné. C'est lui qui a lancé l'attaque contre la royauté au sein de la Convention, qui a culminé avec l'exécution de Louis XVI et Marie-Antoinette.

Il y avait David le peintre, un membre important du Comité de Salut Public, qui "jugeait" les victimes. Sa voix s'élevait toujours pour réclamer la mort. Sir Walter Scott écrit que ce monstre avait l'habitude de faire précéder son "travail sanglant de la journée par la phrase professionnelle : "Broyons assez de rouge"". C'est David qui a inauguré le culte de l'Être suprême et qui a organisé

> "La conduite de cette momerie païenne, qui était substituée à tout signe extérieur de dévotion rationnelle." (Sir Walter Scott, *Life of Napoleon*, Vol. 2.)

Il y avait Reubel et Gohir, deux des cinq "directeurs" qui, avec un conseil des anciens, sont devenus le gouvernement après la chute de Robespierre, étant connus sous le nom de Directoire.

Les termes "directeurs" et "anciens" sont, bien entendu, typiquement juifs.

Une autre remarque s'impose ici : cette œuvre importante de Sir Walter Scott en 9 volumes, qui révèle une si grande part de la vérité réelle, est pratiquement inconnue, n'est jamais réimprimée avec ses autres œuvres et est presque introuvable.

Ceux qui connaissent la technique juive apprécieront toute la signification de ce fait et l'importance supplémentaire qu'il confère au témoignage de Sir Walter Scott concernant les puissances à l'origine de la Révolution française.

Revenons à la scène de Paris. Robespierre reste maintenant seul, et apparemment maître des lieux ; mais ce n'est là encore qu'une apparence. Passons à la *Vie de Robespierre*, d'un certain G. Renier, qui écrit comme si les secrets juifs étaient à sa disposition. Il écrit :

> "D'avril à juillet 1794 (la chute de Robespierre), la terreur fut à son comble. Ce ne fut jamais la dictature d'un seul homme, encore moins de Robespierre. Une vingtaine d'hommes (les comités de salut public et les membres de la sûreté générale) se partageaient le pouvoir."

Pour citer à nouveau M. Renier :

> "Le 28 juillet 1794, Robespierre prononce devant la Convention un long discours : une philippique contre les ultra-terroristes, avec de vagues accusations générales : "Je n'ose pas les nommer en ce moment et en ce lieu. Je ne puis me résoudre entièrement à déchirer le voile qui couvre ce profond mystère d'iniquité. Mais je peux affirmer avec certitude que parmi les auteurs de ce complot se trouvent les agents de ce système de corruption et d'extravagance, le plus puissant de tous les moyens inventés par les étrangers pour défaire la République ; je veux dire les apôtres impurs de l'athéisme et de l'immoralité qui est à sa

base".

M. Renier poursuit avec toute la satisfaction d'un juif :

> "S'il n'avait pas prononcé ces mots, il aurait peut-être encore triomphé !"

Dans cette phrase suffisante, M. Renier met involontairement les points sur les i et les barres sur les t, que Robespierre avait laissés inachevés. L'allusion de Robespierre aux "étrangers corrupteurs et secrets" était bien trop proche de la vérité ; un peu plus et toute la vérité éclatait.

Cette nuit-là, à 2 heures du matin, Robespierre est abattu d'une balle dans la mâchoire[6] et, tôt le lendemain, traîné à la guillotine.

Rappelons à nouveau le *protocole 15 :*

> "*De cette façon, nous procéderons avec les maçons goys qui en savent trop.*"

---

[6] De la même manière, Abraham Lincoln a été abattu par le juif Booth le soir où il avait annoncé à son cabinet qu'il avait l'intention de financer les emprunts américains sur une base sans dette et sans intérêts usuraires similaire à la monnaie connue sous le nom de "Greenbacks", avec laquelle il avait financé la guerre civile de sécession.

LA RÉVOLUTION RUSSE

Monsieur François Coty, le célèbre fabricant de parfums, écrivait dans le Figaro du 20 février 1932 :

> "Les subventions accordées aux nihilistes à cette époque (1905-1917) par Jacob Schiff, de Kuhn Loeb and Co. à New York, n'étaient plus des actes de générosité isolés. Une véritable organisation terroriste russe avait été mise sur pied à ses frais. Elle couvrait la Russie de ses émissaires".

Cette création de formations terroristes par les banquiers Juifs dans un pays promis à la révolution, qu'elles soient appelées nihilistes ou, comme en France en 1789, "bandes sacrées" ou "marseillais", ou encore "opérateurs", comme dans la Grande-Bretagne de Charles Ier, se révèle être une technique standard du système révolutionnaire juif.

Jacob Schiff a également financé le Japon dans sa guerre contre la Russie en 1904-1905, comme nous l'apprend l'*Encyclopédie juive*.

Cette guerre a été immédiatement suivie d'une tentative de révolution à grande échelle en Russie, qui a toutefois échoué. La tentative suivante, pendant la Grande Guerre, a été couronnée de succès.

Le 3 janvier 1906, le ministre russe des Affaires étrangères a fourni à l'empereur Nicolas II un rapport sur cette flambée révolutionnaire, qui, comme le révèle l'*American Hebrew* du 13 juillet 1918, contient les passages suivants :

> "Les événements qui ont eu lieu en Russie en 1905 indiquent clairement que le mouvement révolutionnaire a un caractère international défini ; les révolutionnaires possèdent de grandes quantités d'armes importées de l'étranger et des moyens financiers très considérables ; on ne peut que conclure qu'il existe des organisations de capitalistes étrangers intéressées à soutenir notre mouvement révolutionnaire. Si nous ajoutons à ce qui précède que, comme cela a été prouvé sans aucun doute, un rôle très considérable est joué par les Juifs **en tant que chefs d'orchestre** dans d'autres organisations ainsi que dans la leur… toujours l'élément le plus belliqueux de la révolution… nous pouvons nous sentir en droit de supposer que le soutien étranger susmentionné du mouvement révolutionnaire russe provient des cercles capitalistes bancaires juifs."

L'hypothèse du rapport précédent était en effet bien justifiée. Elle devait être confirmée par un document officiel encore plus important, rédigé au plus fort de la révolution elle-même, en 1918, par M. Oudendyke, le représentant du gouvernement néerlandais à Saint-Pétersbourg, qui était chargé des intérêts britanniques en Russie après la liquidation de notre ambassade par les bolcheviks.

Ce rapport de M. Oudendyke a été jugé si important par M. Balfour, à qui il était adressé, qu'il a été repris dans un livre blanc du gouvernement britannique sur le bolchevisme publié en avril 1919. (Russie n° 1.)

J'y ai lu le passage suivant :

> "Je considère que la suppression immédiate du bolchevisme est la plus grande question qui se pose actuellement au monde, sans même exclure la guerre qui fait encore rage, et si le bolchevisme n'est pas immédiatement tué dans l'œuf, il ne peut que se répandre sous une forme ou une autre en Europe, et dans le monde entier, car il est organisé et géré par des Juifs, qui n'ont pas de nationalité, et dont le seul objet est de détruire à leurs propres fins l'ordre de choses existant."

Une lumière encore plus claire est jetée sur ces événements par un article écrit le 12 avril 1919 dans un journal appelé *Le Communiste*, à Kharkov, par un certain M. Cohen :

> "La grande révolution russe a en effet été accomplie par les mains des Juifs. Il n'y a pas de Juifs dans les rangs de l'Armée rouge, en ce qui concerne les soldats, mais dans les Comités et dans l'organisation soviétique en tant que commissaires, les Juifs dirigent vaillamment les masses. Le symbole de la juiverie est devenu le symbole du prolétariat russe, ce qui se voit dans le fait de l'adoption de l'étoile à cinq branches, qui était autrefois le symbole du sionisme et de la juiverie."

M. Fahey, dans son ouvrage important et authentifié, *The Rulers of Russia*, est plus précis, affirmant qu'en 1917, sur les 52 personnes qui ont pris la direction de la Russie, toutes, à l'exception de Lénine, étaient des Juifs[7].

La liquidation en masse de tout ce qui n'était pas des coupeurs de bois et des porteurs d'eau en Russie fut si complète que cette emprise juive resta inchangée. Le Dr Fahey nous dit qu'en 1935, l'exécutif central de la Troisième Internationale, qui dirigeait la Russie, "se composait de 59 hommes, dont 56 étaient des Juifs. Les trois autres, dont Staline, étaient mariés à des juives. Sur les 17 principaux ambassadeurs soviétiques, 4 étaient juifs." (*Dirigeants de la Russie*, pages 8 et 9).

Le révérend George Simons, qui a été surintendant de l'église épiscopale méthodiste à Saint-Pétersbourg de 1907 à octobre 1918, a comparu devant une commission du Sénat des États-Unis le 12 février 1919 et leur a fait part de sa connaissance personnelle des événements survenus en Russie jusqu'à son départ. Le Dr Fahey le cite comme ayant déclaré lors de ce témoignage :

> "En décembre 1918, sur les 388 membres du gouvernement révolutionnaire, seuls 16 étaient de vrais Russes ; tous les autres étaient des Juifs, à l'exception d'un Noir américain. Deux cent soixante-cinq de ces Juifs viennent du Lower East Side de New York."

Telle a été la situation de l'U.R.S.S. depuis ce jour jusqu'à aujourd'hui.

Bien qu'un certain nombre de Juifs aient été liquidés lors

---

[7] M. Fahey a dû oublier que Lénine lui-même était un Juif. Cela signifierait alors que TOUS ceux qui ont pris la direction de la Russie étaient juifs. Nde.

de la "purge de Moscou", cela n'a en rien affecté la situation. Cela signifiait simplement qu'une faction juive avait triomphé d'une autre et l'avait liquidée. Il n'y a jamais rien eu de tel qu'une révolte des Gentils contre la domination juive.

Le fait que certains Juifs aient été liquidés par des factions victorieuses derrière le rideau de fer pouvait être utilisé pour tromper le monde extérieur en lui faisant croire que c'était le résultat d'une révolte antisémite, et de temps à autre, un canular de ce genre a été systématiquement propagé.

L'opinion mondiale devenant progressivement hostile à l'U.R.S.S., d'importants Juifs ont commencé à craindre que ce sentiment, combiné à la prise de conscience progressive que le bolchevisme est juif, puisse avoir des répercussions désagréables pour eux.

Vers 1945, par conséquent, une nouvelle campagne puissante fut organisée par les cercles juifs influents, notamment aux États-Unis, pour faire croire une fois de plus que la Russie s'était retournée contre les Juifs. Cependant, ils n'ont manifestement pas informé leurs frères plus modestes de cette initiative, et des démentis indignés et informés ne tardèrent pas à se faire entendre.

Un journal appelé *Bulletin*, l'organe du groupe de discussion de Glasgow, a écrit en juin 1945 :

> "Les inepties qui se répandent actuellement sur la croissance de l'antisémitisme en Russie ne sont que des mensonges malveillants et de pures inventions."

Le 1ᵉʳ février 1949, le *Daily Worker* publiait un article dans lequel un certain M. Parker donnait quelques noms et chiffres de Juifs occupant de hautes fonctions en U.R.S.S., dont il était manifestement revenu récemment, car il écrivait :

> "Je n'ai jamais entendu un souffle de critique sur cet état de fait... l'antisémitisme rendrait un fonctionnaire soviétique passible de poursuites de la même manière qu'un citoyen privé peut être traduit devant les tribunaux pour antisémitisme."

Le 10 novembre 1949, le *Daily Worker*, ce champion constant et ardent des Juifs, a publié un article de M. D. Kartun, intitulé "Stamping Out Anti-Semitism", qui montre le contrôle total des Juifs derrière le rideau de fer lorsqu'il écrit :

> "En Pologne et dans les autres démocraties populaires, l'antisémitisme en paroles ou en actes est le plus lourdement puni."

Entre 1945 et 1949, la propagande visant à convaincre les Gentils à l'extérieur du rideau de fer que, dans cette région, l'antisémitisme était endémique et que les Juifs étaient partout chassés des hautes fonctions a été énergiquement poursuivie. Elle commença à être crue par un certain nombre de personnes qui auraient dû être mieux informées, à tel point qu'à l'automne de cette dernière année, j'ai jugé utile de publier une liste indiquant le nombre de postes importants occupés par des Juifs derrière le rideau de fer. Voici un extrait de ces listes.

U.S.S.R.

Premier ministre	Staline	Marié à une Juive
Vice-Premier ministre	Kaganovitch[8]	Juif
Ministère du contrôle de l'État	Mekhlis	Juif
Construction militaire et navale	Ginsburg	Juif
Ministre des organes d'information	Yudin	Juif
Publiciste en chef à l'étranger pour l'U.R.S.S.	Ilya Eherenburg	Juif
Ministère des Entreprises de construction et des machines	Yudin	Juif
Ministre des Affaires étrangères	Molotoff	Marié à une Juive

POLOGNE

Dirigeant effectif	Jacob Bergman	Juif
Procureur général	T. Cyprien	Juif
Mouvements de jeunesse de l'O.C.	Dr Braniewsky	Juif

HONGRIE

Dirigeant effectif	Mathias Rakosi	Juif

---

[8] "Kagan" ou "Khagan" est le mot khazarien pour "roi". Plus de 90 % des Juifs d'aujourd'hui ne sont pas sémites, pas plus que leurs ancêtres. Ils appartiennent à la tribu turco-mongole des Khazars, dont le Kagan a adopté le talmudisme vers 740 après Jésus-Christ]

ROUMANIE

Dirigeant effectif	Anna Pauker	Juive

(Retiré depuis pour "déviationnisme" mais remplacé par un autre juif).

YOUGOSLAVIE

Dirigeant effectif	Moishe Pyjede	Juif

En mai 1949, le *Daily Worker*, qui est, bien sûr, constamment et ardemment pro-juif, a publié un article de M. A. Rothstein faisant une éloge dythyrambique de l'U.R.S.S. ; et à peu près au même moment un autre article sur un ton similaires à propos du paradis derrière le rideau de fer par M. Sam Aronvitch.

Le 10 novembre, le même journal a publié un article dans lequel D. Kartun, parlant des "démocraties populaires" et de l'éradication de l'antisémitisme dans ces pays, a écrit :

> "Personne ne peut rêver de prononcer un discours antisémite ou d'écrire un article antisémite dans l'un de ces pays. S'il le faisait, sa peine de prison serait à la fois immédiate et longue."

Ces dernières années, nous avons reçu de nouvelles preuves dramatiques de l'interrelation vitale entre les Juifs et l'URSS.

Depuis les procès d'espionnage canadiens, qui ont braqué les projecteurs sur l'espionnage atomique pour le compte de l'U.R.S.S., avec la condamnation et l'emprisonnement de Frank Rosenberg (alias Rose), le député communiste juif canadien, et de plusieurs Juifs, jusqu'à la condamnation et l'emprisonnement de nombreux autres membres de la même bande en Grande-Bretagne et aux États-Unis, dont Fuchs, le professeur Weinbaum, Judith Coplon, Harry Gold, David Greenglass, Julius Rosenberg, Miriam Moskewitz, Abraham Brothanz et Raymond Boyer, qui — bien que Gentil de naissance — a épousé une Juive et, je crois, a adopté le credo juif à cette occasion.

Enfin, nous avons eu le vol vers l'U.R.S.S. avec les secrets atomiques également du professeur juif Pontecorvo, qui avait travaillé en étroite collaboration avec Fuchs.

Il ne fait aucun doute que nous continuerons à être régalés d'histoires plausibles prouvant que la Russie est devenue antisémite ; mais il n'est pas difficile de réaliser qu'une telle emprise juive, soutenue par les escadrons d'espionnage et de liquidation politique les plus élaborés que l'on connaisse, provoquerait une convulsion qui ébranlerait le monde avant que son emprise puisse être brisée.

DÉVELOPPEMENT D'UNE TECHNIQUE RÉVOLUTIONNAIRE

Quatre révolutions de l'histoire méritent notre attention particulière. L'étude et la comparaison des méthodes qui y sont employées révèlent d'une part une similitude fondamentale entre elles, et d'autre part un progrès intéressant de la technique, à chaque bouleversement successif. C'est comme si nous étudiions les différentes étapes de l'évolution du fusil moderne à partir du vieux "brown Bess" original.

Les révolutions en question sont d'abord la révolution cromwellienne, ensuite la Française, la Russe et enfin la révolution Espagnole de 1936.

Il peut être prouvé que ces quatre événements sont l'œuvre de la juiverie internationale. Les trois premières ont réussi à obtenir l'assassinat du monarque régnant et la liquidation de ses partisans.

Dans chaque cas, les finances juives et les intrigues souterraines sont clairement identifiables, et les premières mesures adoptées par les révolutionnaires ont été l'"émancipation" des Juifs.

Cromwell était financé par divers Juifs, notamment

Manasseh Ben Israël et Carvajal "le Grand Juif", commanditaire de son armée.

À cette occasion, l'influence juive resta financière et commerciale, tandis que les armes et le moyen de propagande étaient semi-religieux, tous les Cromwelliens étant imprégnés du judaïsme de l'Ancien Testament ; certains, comme le général Harrison, poussèrent même leur judaïsme jusqu'à préconiser l'adoption de la loi mosaïque comme loi de l'Angleterre, et la substitution du samedi comme sabbat à la place du dimanche chrétien.

Nous connaissons tous les passages absurdes de l'Ancien Testament que les soldats de la tête ronde ont adoptés comme noms, tels que le sergent Obadiah, "Liez leurs rois avec des chaînes et leurs nobles avec des entraves de fer". La révolution cromwellienne fut de courte durée. Le travail de destruction n'avait pas été suffisamment approfondi pour empêcher la contre-révolution et la restauration de l'ancien régime.

Une deuxième révolution, dite "Glorieuse Révolution" de 1689, était nécessaire. Elle fut à nouveau financée par des Juifs, notamment Salomon Medina, Suasso, Moïse Machado et d'autres.

Lors de la Révolution Française de 1789, la technique avait été considérablement améliorée. Les sociétés secrètes s'étaient développées à grande échelle dans toute la France au cours des années précédentes. Les plans pour la liquidation de l'ancien régime sont à cette époque beaucoup plus drastiques.

Le meurtre judiciaire d'un roi et de quelques nobles bien intentionnés est remplacé par des meurtres de masse dans les prisons et dans les maisons privées de l'ensemble de la noblesse, du clergé, de la paysannerie et de la bourgeoisie, sans distinction de sexe.

Les dommages causés par les Cromwell et la profanation de quelques églises utilisées temporairement comme écuries se transformèrent en un démantèlement général des églises chrétiennes, ou leur conversion en toilettes publiques, en bordels et en marchés, ainsi qu'en l'**interdiction de pratiquer la religion chrétienne** et même de sonner les cloches des églises.

On ne laissa pas la guerre civile se développer. L'armée fut mise de côté, et maintenue à l'écart de son Roi par sa prise de pouvoir à un stade précoce. Le contrôle invisible de 1789 est si puissant qu'apparemment, la lie de la population française liquide victorieusement tous ses chefs naturels, ce qui est en soi un phénomène des plus anormaux et suspects.

Plus suspecte encore est l'apparition soudaine de fortes bandes de hooligans armés, qui marchent sur Paris depuis Lyon et Marseille, et sont **enregistrés comme étant manifestement des étrangers.**

Nous avons ici les premières formations de mercenaires étrangers et d'éléments criminels, forçant des révolutions dans un pays qui n'est pas le leur, qui devaient avoir leur prototype achevé et élargi dans les Brigades internationales, qui ont tenté d'imposer le marxisme en Espagne 150 ans plus tard.

L'Angleterre du XVIIème siècle n'avait pas été démembrée et hideusement remodelée sur des lignes étrangères ; mais tous les repères familiers de la France du XVIIIème siècle ont été détruits. Les noms et titres splendides et historiques des comtés, des départements et des familles ont été supprimés, et la France a été divisée en carrés numérotés occupés uniquement par des "citoyens".

Même les mois du calendrier ont été changés. Le drapeau national de la France avec ses lys et sa gloire ancestrales a été interdit. À la place, les Français ont reçu le fanion tricolore, insigne du meurtre et de la rapine. Ici, cependant, les planificateurs ont fait une erreur.

Le Tricolore n'est peut-être pas le célèbre et honoré drapeau de la France. Il pouvait dégouliner du sang du massacre, du régicide et de la scélératesse. Il pouvait être empesté par la bave des criminels juifs qui l'ont conçu et imposé au peuple français, mais il a été proclamé drapeau national, et il l'est devenu ; et avec le drapeau national est venue l'armée nationale, et un chef national, Napoléon.

Il ne fallut pas longtemps à ce grand Français pour se heurter aux puissances secrètes qui contrôlaient jusqu'alors les armées françaises. Elles avaient prévu d'utiliser ces armées pour révolutionner tous les États européens, l'un après l'autre, y renverser tous les dirigeants et établir le règne de la foule, apparemment, en réalité, bien sûr, le leur.

C'est exactement de cette manière que les Juifs envisagent aujourd'hui d'utiliser l'Armée rouge. Une telle politique dirigée par des étrangers de ce type ne pouvait pas continuer longtemps une fois qu'une armée nationale avait mis en place un véritable chef national ; leurs perspectives et leur politique devaient inévitablement être aux antipodes. Il ne fallut pas longtemps pour que le Premier Consul défie et renverse ces étrangers et leurs marionnettes.

En 1804, Napoléon avait fini par reconnaître le Juif et ses plans comme une menace pour la France et il a systématiquement restauré tout ce que la révolution avait balayé. À partir de ce moment, l'argent juif a financé toutes les coalitions contre lui, et d'ailleurs les Juifs se vantent aujourd'hui que c'est Rothschild, et non Wellington, qui a vaincu Napoléon.

Sachant cela, Hitler, lorsqu'il a occupé Paris, a immédiatement ordonné la mise en place d'une garde d'honneur permanente sur le tombeau de Napoléon aux Invalides, et a fait rapatrier d'Autriche le corps de L'Aiglon (le fils que Napoléon avait eu avec Marie-Louise), qui a été enterré à sa place aux côtés de son père.

Lorsque nous examinons la révolution russe, nous constatons que la technique est encore plus audacieuse et beaucoup plus radicale. À cette occasion, aucun drapeau, aucune armée ou aucun hymne national n'est autorisé. Après que la lie de la communauté juive ait apparemment accompli l'impossible, et liquidé toutes les autres classes jusqu'au koulak (un homme avec trois vaches), ils sont rassemblés dans une force polyglotte appelée l'Armée rouge ; sur eux flotte un drapeau rouge international, pas un drapeau russe ; leur hymne est celui de l'*Internationale*.

La technique de la révolution en Russie a été si perfectionnée que jusqu'à ce jour, elle a assuré le régime juif qui y est établi contre toutes les contre-attaques.

La prochaine révolution qui mérite notre attention est celle qui a éclaté en Espagne en 1936. Heureusement pour l'Europe, elle a été contrecarrée par le général Franco et un certain nombre d'hommes courageux, qui sont immédiatement entrés sur le terrain pour s'opposer aux forces révolutionnaires et ont réussi, au terme d'une longue lutte, à les écraser.

Cet exploit est d'autant plus remarquable que le dernier développement de l'organisation révolutionnaire s'est alors révélé sous la forme des Brigades internationales. Ces Brigades internationales, outre qu'elles représentaient la toute dernière nouveauté en matière de technique révolutionnaire, étaient une production remarquable.

Elles avaient été recrutées parmi des criminels, des aventuriers et des dupes, pour la plupart communistes, originaires de 52 pays différents, mystérieusement transportés et rassemblés en formations en Espagne quelques semaines après le début des troubles, vêtus d'une tenue très proche de notre tenue de combat, et dotées d'armes portant l'étoile juive à cinq branches.

Cette étoile et le sceau de Salomon figuraient sur les chevalières des sous-officiers et officiers de cette horde communiste de ruffians indisciplinés. Je les ai moi-même vues portées.

En octobre 1936, ces Brigades internationales étaient

déjà rassemblées en Espagne en nombre considérable. Aussi indisciplinés et rustres qu'ils fussent, le simple fait qu'une armée politique nombreuse et bien armée intervienne soudainement d'un côté dans les premiers stades d'une guerre civile aurait pu raisonnablement être considéré comme un moyen d'obtenir une décision avant que les éléments patriotiques et honnêtes du pays aient eu le temps de créer une machine de combat adéquate.

Bien que le public britannique ait été maintenu dans l'ignorance totale de la véritable signification de ce qui se passait en Espagne, deux pays d'Europe étaient conscients de la situation. L'Allemagne et l'Italie avaient chacune à leur tour fait l'expérience des affres de la révolution communiste et étaient sorties victorieuses de la plus immonde des pestes terrestres. Ils savaient qui avait financé et organisé les Brigades internationales, et dans quel but funeste Barcelone avait été déclarée en octobre 1936 capitale des États soviétiques d'Europe occidentale.

Au moment critique, ils [Hitler et Mussolini] sont intervenus en force juste suffisante pour contrer la Brigade internationale et permettre au peuple espagnol d'organiser sa propre armée qui, en temps voulu, a facilement réglé la question. La question a donc été réglée, c'est-à-dire, en ce qui concerne l'Espagne.

Il y avait, cependant, un autre règlement à venir. La juiverie internationale avait été sérieusement contrariée. Ils ne se reposeraient dorénavant pas jusqu'à ce qu'ils puissent avoir leur vengeance, jusqu'à ce qu'ils puissent par des moyens détournés retourner les armes du reste du monde contre ces deux États, qui, en plus de contrecarrer leurs plans en Espagne, étaient en train de placer l'Europe sur un système indépendant de l'or et de l'usure, qui, si on le laisse se développer, briserait le pouvoir juif pour toujours.

L'ALLEMAGNE SONNE L'ALARME

L'alarme urgente sonnée en 1918 par M. Oudendyke dans sa lettre à M. Balfour, dénonçant le bolchevisme comme un plan juif qui, s'il n'était pas contrôlé par l'action combinée des puissances européennes, engloutirait l'Europe et le monde, n'était pas exagérée.

À la fin de cette année-là, le drapeau rouge est hissé dans la plupart des grandes villes d'Europe. En Hongrie, le juif Bela Kuhn organisa et maintint pendant un certain temps une tyrannie impitoyable et sanglante semblable à celle de la Russie. En Allemagne, les Juifs Leibknecht, Barth, Scheidemann, Rosa Luxemburg, etc. se lancèrent dans une course désespérée au pouvoir. Ces convulsions et d'autres semblables ont secoué l'Europe ; mais chaque pays, à sa manière, n'a fait que contrer les assauts de la juiverie organisée.

Dans la plupart des pays concernés, quelques voix se sont élevées pour tenter d'exposer la véritable nature de ces maux. Dans un seul pays, cependant, un leader et un groupe politiques se sont levés, qui ont saisi toute la signification de ces événements et ont perçu derrière les foules de hooligans indigènes l'organisation et la puissance motrice de la juiverie mondiale.

Ce leader était Adolf Hitler, et son groupe le parti national-socialiste d'Allemagne.

Jamais auparavant dans l'histoire un pays n'avait non seulement repoussé une révolution organisée, mais avait discerné la juiverie derrière elle, et avait fait face à ce fait. Il n'y a pas lieu de s'étonner que les égouts de la vitupération juive se soient déversés sur ces hommes et leur chef ; il ne faut pas non plus commettre l'erreur de supposer que la juiverie s'accrocherait à n'importe quel mensonge pour dissuader les honnêtes hommes du monde entier de faire une enquête approfondie des faits par eux-mêmes.

Néanmoins, si quelqu'un attache de l'importance à la liberté, et s'efforce de rechercher la vérité et de la défendre, il ne peut se soustraire à ce devoir d'investigation personnelle. Accepter sans broncher les mensonges et les fausses représentations d'une presse contrôlée ou influencée par les Juifs, c'est rejeter la vérité par pure paresse, si ce n'est pour une raison plus grave.

Agir sur une base aussi peu vérifiée est un péché contre la Lumière.

Dans le cas de l'Allemagne et de Hitler, la tâche de recherche n'est pas difficile. De nombreuses autorités nous ont confirmé que le livre d'Hitler, *Mein Kampf*, exposait de manière complète et précise les observations et les conclusions de l'auteur concernant toutes ces questions essentielles.

Des images tout à fait fausses ont été délibérément propagées au sujet de ce livre, en citant des passages hors de leur contexte, en déformant les significations et en faisant carrément de fausses déclarations. Ayant lu un grand nombre de ces diatribes sans scrupules, ce n'est pas sans surprise que j'ai lu ce livre par moi-même il n'y a pas si longtemps.

D'après les nombreuses conversations que j'ai entendues et auxquelles j'ai participé, je me rends compte maintenant que la plupart des membres du public étaient aussi ignorants que moi de la nature réelle de ce livre remarquable. Je me propose donc d'essayer de donner une image fidèle de son esprit et de sa portée en citant des passages de ses deux thèmes principaux : Premièrement, la réalisation et l'exposition du plan juif pour l'établissement du marxisme mondial ; et deuxièmement, l'admiration et le désir d'amitié avec la Grande-Bretagne. Écrivant sur les jours avant 1914, Hitler déclare :

> "Je voyais encore les Juifs comme une religion... Je n'avais aucune idée de l'existence d'une hostilité juive délibérée... Je me suis progressivement rendu compte que la presse sociale-démocrate était majoritairement contrôlée par les Juifs... Il n'y avait pas un seul journal avec lequel les Juifs étaient liés qui pouvait être décrit comme véritablement national... J'ai saisi tous les pamphlets sociaux-démocrates que j'ai pu trouver, et j'ai cherché les noms de leurs auteurs — rien que des Juifs."

En poursuivant l'étude de ces questions, Hitler a commencé à percevoir les grandes lignes de la vérité :

> "J'ai également fait une étude approfondie de la relation entre le judaïsme et le marxisme... L'État juif n'a

> jamais eu de frontières dans l'espace ; il était illimité dans l'espace, mais lié par sa conception de lui-même en tant que race. Ce peuple, par conséquent, a toujours été un État dans l'État… La doctrine juive du marxisme rejette le principe aristocratique dans la nature… nie la valeur de l'individu parmi les hommes, combat l'importance de la nationalité et de la race, privant ainsi l'humanité de tout le sens de l'existence."

> "La démocratie en Occident aujourd'hui est le précurseur du marxisme, qui serait inconcevable sans la démocratie."

> "Si le Juif, avec l'aide de son credo marxien, conquiert les nations du monde, sa couronne sera la couronne funèbre de la race humaine…"

Il écrit à propos des jours de 1918 :

> "Ainsi, je croyais maintenant qu'en me défendant contre les Juifs, je faisais l'œuvre du Seigneur."

À la fin de l'année 1918, la révolution en Allemagne s'est organisée derrière l'armée ininterrompue sur le terrain. À ce sujet, Hitler a écrit :

> "En novembre, des marins arrivèrent en camion et nous appelèrent tous à la révolte, quelques jeunes juifs étant les chefs de file de cette lutte pour 'la liberté, la beauté et la dignité de notre vie nationale'. Aucun d'entre eux n'avait jamais été au front."

> "Le véritable organisateur de la révolution et son véritable tireur de ficelles est le Juif international… La révolution n'a pas été faite par les forces de la paix et de l'ordre, mais par celles de l'émeute, du vol et du pillage."

> "Je commençais à apprendre de nouveau, et ce n'est que

> maintenant (1919) que je suis parvenu à une juste compréhension des enseignements et des intentions du juif Karl Marx. Ce n'est que maintenant que j'ai bien compris son "Kapital" ; et également la lutte de la social-démocratie contre l'économie de la nation ; et que son but est de préparer le terrain pour la domination du véritable Kapital international". [L'Empereur a tendu la main de l'amitié aux dirigeants du marxisme… Alors qu'ils tenaient la main impériale dans la leur, l'autre main cherchait déjà le poignard."]
>
> "Avec le Juif, il n'y a pas de marchandage ; il y a simplement le dur 'tant pour tant'".

Plus loin, Hitler donne dans les moindres détails les contours de la machine de perturbation juive.

> "Par le biais des syndicats qui auraient pu sauver la nation, le Juif détruit en fait l'économie de la nation."
>
> "En créant une presse qui se situe au niveau intellectuel des moins instruits, l'organisation politique et syndicale obtient une force de contrainte lui permettant de préparer les couches les plus basses de la nation aux entreprises les plus hasardeuses."
>
> "La presse juive… démolit tout ce qui peut être considéré comme le support de l'indépendance d'une nation, de sa civilisation et de son autonomie économique. Elle rugit surtout contre les personnages qui refusent de plier le genou devant la domination juive, ou dont la capacité intellectuelle apparaît au juif sous l'angle d'une menace pour lui-même."
>
> "L'ignorance affichée par la masse… et le manque de perception instinctive de notre classe supérieure font du peuple des dupes faciles de cette campagne de mensonges juifs."
>
> "Mais l'époque actuelle travaille à sa propre ruine ; elle

introduit le suffrage universel, bavarde sur l'égalité des droits, et ne peut donner aucune raison de penser ainsi. À ses yeux, les récompenses matérielles sont l'expression de la valeur d'un homme, brisant ainsi la base de la plus noble égalité qui puisse exister."

"C'est l'une des tâches de notre Mouvement que d'entretenir la perspective d'un temps où l'individu recevra ce dont il a besoin pour vivre ; mais aussi de maintenir le principe que l'homme ne vit pas pour la seule jouissance matérielle."

"Seule la vie politique d'aujourd'hui a constamment tourné le dos à ce principe de nature" (c'est-à-dire de qualité)…"

"La civilisation humaine n'est que l'aboutissement de la force créatrice de la personnalité dans l'ensemble de la communauté, et surtout chez ses dirigeants… le principe de la dignité de la majorité commence à empoisonner toute vie au-dessous d'elle ; et en fait à la briser."

"Nous voyons maintenant que le marxisme est la forme énoncée de la tentative juive d'abolir l'importance de la personnalité dans tous les départements de la vie humaine ; et d'ériger à sa place la masse des nombres…"

"Le principe de la décision par les majorités n'a pas toujours gouverné le genre humain ; au contraire, il n'apparaît que pendant des périodes assez courtes de l'histoire, et ce sont toujours des périodes de décadence des nations et des États."

"Nous ne devons pas oublier que le Juif international, qui continue à dominer la Russie, ne considère pas l'Allemagne comme un allié, mais comme un État destiné à subir un sort similaire."

À la dernière page et dans presque le dernier paragraphe

de Mein Kampf, on peut lire ce qui suit :

> "Le parti en tant que tel défend un christianisme positif, mais ne se lie en matière de credo à aucune confession particulière. Il combat l'esprit matérialiste juif en nous et hors de nous."

En cherchant dans le monde entier de l'aide dans la bataille contre cette terrible menace du bolchevisme dirigé par les Juifs, l'esprit d'Hitler revenait constamment à la Grande-Bretagne et à l'Empire britannique. Il a toujours désiré leur amitié. Il a toujours déclaré que la Grande-Bretagne était l'un des plus grands remparts contre le chaos, et que ses intérêts et ceux de l'Allemagne étaient complémentaires et non contraires.

Il a écrit :

> "Ce n'était pas un intérêt britannique, mais juif, de détruire l'Allemagne." Et encore : "Même en Angleterre, une lutte continuelle se déroule entre les représentants des intérêts de l'État britannique et la dictature mondiale juive."

> "Pendant que l'Angleterre s'épuise à maintenir sa position dans le monde, le Juif organise ses mesures pour sa conquête.... Ainsi, le Juif est aujourd'hui un rebelle en Angleterre, et la lutte contre la menace juive mondiale y sera également engagée."

> "Aucun sacrifice n'aurait été trop grand pour obtenir l'alliance de l'Angleterre. Il aurait fallu renoncer aux colonies et à l'importance de la présence sur les mers, et s'abstenir d'interférer avec l'industrie britannique par la concurrence."

Dans les années qui suivirent, ces deux thèmes furent

sans cesse exposés, à savoir la menace marxiste juive et le désir d'amitié avec la Grande-Bretagne. Jusqu'à Dunkerque, Hitler a insisté sur cette dernière idée auprès de tout un chacun, même auprès de ses plus hauts généraux, à leur grand étonnement.

Il ne s'est pas non plus arrêté aux mots, comme nous le verrons plus tard lorsque, comme nous l'apprend Liddell Hart, il a sauvé l'armée britannique de l'anéantissement en arrêtant le Panzer Corps, tout en informant ses généraux qu'il considérait l'Empire britannique et l'Église catholique comme des remparts nécessaires à la paix et à l'ordre qui devaient être sauvegardés.[9]

Avant qu'il n'ait quitté l'imprimerie, les vannes de la haine et des mensonges juifs s'étaient ouvertes dans le monde entier contre Hitler et le Troisième Reich.

Partout, les anglophones ont été inondés d'inventions, de déformations et de récits d'atrocités, qui ont noyé les voix des rares personnes qui comprenaient la situation réelle.

Oublié dans la tourmente, le slogan de Marx selon lequel, avant que le bolchevisme ne puisse triompher, l'Empire britannique doit être détruit ; et totalement supprimée en ce qui concerne le peuple britannique, la déclaration répétée d'Hitler de sa volonté de défendre l'Empire britannique s'il est appelé à l'aider par la force des armes

---

[9] *The Other Side of the Hill*, Chap. X, par Liddell Hart. Mein Kampf a été publié pour la première fois en octobre 1933.

si nécessaire.

1933 : LA JUIVERIE DÉCLARE LA GUERRE

L'édition anglaise de *Mein Kampf* était encore en cours d'impression et de publication lorsque les Juifs ont déclaré la guerre au régime national-socialiste et ont lancé un blocus intensif contre l'Allemagne.

La Conférence internationale du boycott juif a été réunie en Hollande au cours de l'été 1933 sous la présidence de M. Samuel Untermeyer, un juif des États-Unis, qui avait été élu président de la Fédération économique juive mondiale formée pour combattre l'opposition aux Juifs en Allemagne.

À son retour aux États-Unis, M. Untermeyer a prononcé un discours devant la Station W.A.B.C., dont j'ai sous les yeux le texte, tel qu'il a été imprimé dans le *New York Times* du 7 août 1933. M. Untermeyer a fait référence dans les premières phrases à :

> "La guerre sainte pour la cause de l'humanité dans laquelle nous sommes embarqués" ; et il développa longuement le sujet, décrivant les Juifs comme les aristocrates du monde. "Chacun d'entre vous, juif ou païen, qui ne s'est pas encore engagé dans cette guerre

sacrée[10] devrait le faire maintenant et ici."

Il a dénoncé les Juifs qui ne se sont pas joints à lui, déclarant :

"Ce sont des traîtres à leur race."

En janvier 1934, M. Jabotinsky, fondateur du sionisme révisionniste, a écrit dans *Natcha Retch* :

"La lutte contre l'Allemagne est menée depuis des mois par toutes les communautés, conférences, organisations commerciales juives, par tous les Juifs du monde… nous allons déclencher une guerre spirituelle et matérielle du monde entier contre l'Allemagne."

Il s'agit peut-être de l'affirmation la plus sûre qui existe sur la revendication du pouvoir juif international, exposée dans les *Protocoles de Sion*, selon laquelle ils peuvent provoquer la guerre à tout instant. Le *protocole numéro 7* déclare :

"Nous devons être en mesure de répondre à tout acte d'opposition d'un État par la guerre avec son voisin. Si ceux-ci s'aventurent à s'opposer collectivement, par la guerre universelle."

Il convient de rappeler ici qu'une copie de ces protocoles a été déposée au British Museum en 1906.

En 1938, la guerre juive battait son plein, et déjà, par leur influence ou leur pression, de nombreuses personnes et

---

[10] Comme la guerre sans fin contre le "terrorisme" aujourd'hui.

groupes de Gentils étaient entraînés dans le tourbillon. Plusieurs membres du Parti socialiste britannique préconisaient ouvertement de se joindre à cette guerre froide ; et une clique vigoureuse et intransigeante se développait dans tous les partis sous la direction de MM. Churchill, Amery, Duff, Cooper et autres.

"Hitler ne veut pas la guerre, mais il y sera contraint, pas cette année, mais plus tard", hurlait le juif Emil Ludwig dans l'exemplaire de juin des *Aniles* 1934.

Le 3 juin 1938, un article paru dans l'*American Hebrew*, l'organe hebdomadaire des Juifs américains, va encore plus loin. Cet article, qui commence par montrer qu'Hitler n'a jamais dévié de sa doctrine exposée dans *Mein Kampf*, menace ensuite des représailles les plus graves.

> "Il est devenu évident qu'une coalition de la Grande-Bretagne, de la France et de la Russie empêchera tôt ou tard la marche triomphale (d'Hitler)…"
>
> Que ce soit par accident ou à dessein, un Juif a atteint une position de première importance dans chacune de ces nations. Dans les mains des non-Aryens se trouve le destin et la vie même de millions d'entre eux…
>
> En France, ce juif de premier plan est Léon Blum… Léon Blum peut encore être le Moïse qui dirigera…
>
> Maxime Litvinoff, super vendeur soviétique, est le juif qui s'assied à la droite de Staline, le petit soldat de plomb du communisme…
>
> Le juif anglais de premier plan est Leslie Hore-Belisha, le nouveau patron de Tommy Atkins."

Plus loin dans cet article, nous lisons :

"Il se peut donc que ces trois fils d'Israël forment la combinaison qui enverra le dictateur nazi frénétique en enfer. Et quand la fumée de la bataille se dissipera… et que l'homme qui a joué le Christus à croix gammée… est descendu dans un trou dans le sol… alors le trio de non-aryens entonnera un requiem à l'unisson… un pot-pourri de la Marseillaise, de God Save the King et de l'Internationale, se mêlant à une interprétation fière et agressive de Eli Eli."

Deux points de l'extrait ci-dessus méritent une attention particulière. Premièrement, on considère comme acquis que ces trois Juifs ne pensèrent et n'agirent pas un seul instant autrement que comme des Juifs, et qu'on peut compter sur eux pour mener leurs dupes Gentils à la ruine dans une guerre clairement juive ; deuxièmement, il faut noter la référence méprisante au "Christus à croix gammée", que les Juifs ont hâte d'enterrer, et qui révèle symboliquement la haine juive à l'égard du christianisme.

Pendant ce temps, la pression juive fut exercée au maximum pour provoquer des affrontements entre Sudètes, Tchèques, Polonais et Allemands.

En septembre 1938, les choses avaient atteint un stade désespéré. M. Chamberlain lui-même s'est rendu à Munich et a conclu un accord historique avec Hitler. Il semble que les fauteurs de guerre aient alors été frustrés et que l'Europe ait été sauvée. Rarement des scènes et des manifestations de joie et de gratitude spontanées n'avaient été évoquées comme celles qui ont été observées dans toute la Grande-Bretagne et l'Europe lors de ce triomphe.

Cependant, ceux qui connaissaient la puissance de l'ennemi savaient que le travail de M. Chamberlain était certain d'être rapidement saboté. Je me souviens d'avoir fait remarquer, le soir même de son retour de Munich, qu'en l'espace d'une semaine, tous les journaux de ce pays et les fauteurs de guerre du Parlement attaqueraient M. Chamberlain pour avoir obtenu la paix, sans tenir compte du fait que, ce faisant, ils bafouaient avec mépris les véritables souhaits du peuple. Cette remarque n'était que trop vraie, comme les événements l'ont prouvé.

La fureur juive n'était nulle part aussi évidente, bien sûr, qu'à Moscou. J'ai devant moi un tract de ma propre conception publié en octobre 1938. Il est écrit :

> "Savez-vous que M. Chamberlain a été brûlé en effigie à Moscou dès que l'on a su qu'il avait obtenu la paix ; ce qui montre très clairement **QUI** voulait la guerre, et **QUI** travaille encore sans cesse à attiser les conflits dans le monde entier."

La tentative de provoquer la guerre à propos des Sudètes et de la Tchécoslovaquie ayant échoué, il ne restait plus que le détonateur du Corridor polonais, cette monstruosité née de l'absurde Traité de Versailles, et dénoncée par des honnêtes hommes tels que le maréchal Foch et Arthur Henderson.

Une caractéristique de la Conférence de Versailles a été gardée secrète par ceux qui ont le pouvoir de cacher des choses au public ou de les proclamer depuis les sommets de leurs organes de presse. Il s'agit de ceci :

Toutes les décisions importantes ont été prises par les

"Quatre Grands" — Grande-Bretagne, France, Italie et États-Unis, représentés respectivement par M. Lloyd George, M. Clemenceau, le baron Sonino et le président Wilson. Tout cela est connu. Ce que l'on ne sait pas, c'est que :

Le secrétaire de M. Lloyd George était le juif Sassoon ; celui de M. Clemenceau le juif Mandel Rothschild, aujourd'hui connu sous le nom de Mandel ; le Baron Sonino était lui-même à moitié juif : et le Président Wilson avait à ses côté le juif Brandeis ; l'interprète étant un autre juif nommé Mantoux ; et le conseiller militaire encore un autre juif nommé Kish.

Il est connu que M. Lloyd George et d'autres étaient peu versés en matière de géographie. Leurs secrétaires juifs, par contre, étaient au contraire très au fait de ces questions. Ces juifs se réunissaient le soir à 18 heures et élaboraient les décisions de la conférence des "quatre grands" du lendemain.

Les résultats ont été désastreux du point de vue de toutes les personnes honnêtes, qui espéraient un traité honorable, avec des conditions qui, même si elles étaient strictes, seraient au moins justes et assureraient ainsi une paix durable.

Foch lui-même dénonça bruyamment le traité ; il déclara qu'il contenaient les éléments certains d'une nouvelle guerre et déplora en particulier la disposition relative au Corridor de Danzig.

Arthur Henderson et de nombreux hommes publics se joignirent à la dénonciation, mais en vain. Du point de vue des hommes qui prévoyaient une autre guerre, cependant, rien n'aurait pu être plus bénéfique que ce traité inique qui faisait de l'Allemagne une victime expiatoire dans le grand jeu d'influence juif.

Toutes sortes d'injustices flagrantes étaient inscrites dans son texte. Outre le corridor et la position de Dantzig, un État bâtard a été créé, dans lequel les Allemands, les Slovaques, etc., formant ensemble la majorité du pays, avaient été placés sous le contrôle tyrannique de la minorité tchèque, qui s'était elle-même rangée du côté des Juifs bolcheviques et avait combattu les Alliés en 1918.

La conception de cet État était telle, géographiquement parlant, qu'on l'a appelé, à juste titre, un poignard pointé sur le cœur de l'Allemagne. Il reçut le nom farfelu de Tchécoslovaquie.

Toute la vie industrielle, depuis l'énorme arsenal de Skoda jusqu'en bas de l'échelle, était contrôlée par des intérêts bancaires juifs, tandis que nous avons la preuve, selon Lord Winterton, que pratiquement toutes les terres étaient hypothéquées aux Juifs (*Hansard*, octobre 1936).

Sous cette domination messianique ont été asservis d'immenses pans de population, appartenant à d'autres nations, désormais condamnés à être maintenus par la force jusqu'à ce qu'un pays devienne assez fort et indépendant pour pouvoir les défendre.

Cette éventualité a été, à mon avis, visualisée et en fait encouragée, comme nous le savons, par les énormes prêts accordés à l'Allemagne par les banquiers juifs internationaux.

N'oublions pas que pendant que les banquiers juifs déversaient de l'argent en Allemagne qui reconstruisait la Wehrmacht à une échelle plus grande que jamais, une campagne colossale pour la paix et le désarmement était lancée dans ce pays. Cette campagne a non seulement réussi à nous désarmer substantiellement, mais aussi à créer une atmosphère dans laquelle M. Baldwin a dû admettre qu'il n'osait pas aller dans le pays pour demander plus d'armements, même s'il savait que nos besoins en forces maritimes, aériennes et terrestres étaient vitaux.[11]

Pour quiconque a étudié, comme je l'ai fait, les personnalités et les pouvoirs qui se cachent derrière cette soi-disant propagande de paix, il n'y a aucun doute quant à l'origine de la véritable impulsion et du financement.

Pour quiconque apprécie l'attitude de la presse à cette époque, et se rend compte que si cette propagande en faveur du désarmement avait déplu à ceux qui influencent nos organes de presse, un torrent d'invectives contre nos "ballotters de la paix" aurait jailli ; il y a une preuve supplémentaire que cette campagne avait le soutien de la juiverie internationale, tout comme le réarmement de l'Allemagne. Mais pourquoi ? Seuls les naïfs se le demanderont.

La réponse est assez simple, si l'on comprend l'objectif

---

[11] Tout cela avant, bien sûr, l'ascencion d'Hitler.

du plan juif.

> "De la dernière guerre, nous avons créé les États soviétiques de Russie ; de la prochaine guerre, nous créerons les États soviétiques d'Europe…"

avait été la déclaration faite lors d'une réunion mondiale des partis communistes vers 1932. Pour que la prochaine guerre soit possible, il fallait donc rééquilibrer la balançoire, renforcer la force allemande et réduire la force britannique.

Les Européens pourront alors se battre entre eux jusqu'à la mort de l'un et l'épuisement complet de l'autre.

Une surprise dramatique attendait les deux parties. Aucun des deux ne serait le véritable vainqueur. Le véritable vainqueur serait une toute autre armée. Cette armée est celle qui fera l'objet de la plus grande attention. Pendant 25 ans, elle sera constituée dans le plus grand secret. Ses chefs ne montreront leur force que lorsque le conflit sera bien engagé.

Ce n'est qu'à un moment critique de la guerre que les armées européennes seront autorisées à deviner l'existence des énormes usines [12] situées au-delà de l'Oural, ou les proportions colossales des hordes lourdement mécanisées qui commenceront alors à rouler

---

[12] Ces "usines gigantesques" et les "proportions colossales des hordes lourdement mécanisées" sont dues au financement du peuple américain, via le Lend Lease Act, mis en œuvre avant que les Américains ne soient aspirés dans cette guerre, et minutieusement détaillé dans les journaux du Major Jordan (George Racey Jordan).

vers l'ouest de l'Europe sous le drapeau rouge du marxisme.

En mars 1939, M. Chamberlain a donné une garantie britannique à la Pologne sur la base d'une fausse information selon laquelle l'Allemagne avait lancé un ultimatum de 48 heures aux Polonais.

Ce rapport s'est avéré par la suite tout à fait faux. La garantie avait été donnée, cependant, et la décision de la paix ou de la guerre n'était plus entre les mains des Britanniques. La juiverie avait la balle à ses pieds. Peut-on douter que la Pologne n'ait été encouragée à ignorer la note allemande de mars qui présentait des suggestions éminemment raisonnables pour une solution pacifique du problème du Corridor ?

Mois après mois, aucune réponse n'a été donnée par la Pologne à la note allemande. Pendant ce temps, les insultes et les outrages se produisaient avec une fréquence suspecte tout le long de la frontière allemande, à l'instar de la technique à laquelle les Juifs initièrent plus tard les Britanniques en Palestine.

Jour après jour, le public britannique est inondé de propagande de guerre et de fausses représentations de la situation. Finalement, un nouveau slogan leur a fermé l'esprit pour qu'ils ne tiennent plus compte des exigences de la justice ou de la raison,

"Vous ne pouvez pas vous fier à la parole d'Hitler."

Grâce à ce mensonge, le public britannique a finalement été poussé à rejeter toute raison et tout jugement et à accepter pour argent comptant la propagande de guerre répandue dans la presse.

Ce slogan était fondé sur une déformation de l'assurance donnée par Hitler à plus d'une occasion après un "putsch" tel que celui des Sudètes, qu'il "n'avait pas l'intention de faire d'autres demandes".

La déformation des faits réside dans le fait que la presse a constamment occulté le fait majeur que les "exigences" auxquelles Hitler se référait avaient un caractère quintuple et couvraient les cinq régions arrachées à l'Allemagne par une paix dictée dans laquelle la population était en grande majorité allemande, à savoir les Sudètes, une partie de la Tchécoslovaquie, des parties de la Pologne, le Corridor et Danzig.

Au fur et à mesure que les troupes allemandes occupaient chaque section successive, il est, je crois, exact de dire que Hitler a déclaré qu'il n'avait aucune exigence supplémentaire à formuler. Mais il faut préciser ici, dans l'intérêt de la justice, qu'il n'a jamais dit que cela impliquait une réduction des exigences qu'il avait initialement déjà très clairement définies, et répétées à de nombreuses reprises, à savoir les cinq zones en question.

Le public britannique a été trompé par sa presse et a supposé que lorsque Hitler avait dit qu'il n'avait pas d'autres demandes, il n'y avait jamais eu de déclaration sur l'ensemble de ses requêtes, dont certaines n'étaient toujours pas satisfaites. Le grand public a été amené à croire que Hitler n'avait jamais formulé d'autres demandes, ou qu'il les avait abandonné dès qu'il avait obtenu satisfaction sur certaines d'entres elles.

Lorsque, par conséquent, la tranche suivante a été ajoutée, la presse a construit sur ce malentendu le sophisme selon lequel on ne pouvait pas faire confiance à la parole d'Hitler. Les affaires honnêtes n'ont pas besoin de telles ruses et tromperies. De telles méthodes ne sont nécessaires que pour soutenir des causes mauvaises ou injustes.

Heureusement, nous disposons du jugement calme et impartial de feu Lord Lothian, récemment ambassadeur de Grande-Bretagne aux États-Unis, dans son dernier discours à Chatham House sur ce sujet :

> "Si le principe d'autodétermination avait été appliqué en faveur de l'Allemagne, comme il l'a été contre elle, cela aurait signifié le retour des Sudètes, de la Tchécoslovaquie, de certaines parties de la Pologne, du Corridor polonais et de Dantzig au Reich."

Voici une présentation de l'affaire très différente de celle qui a été imposée au public britannique en 1939, et c'est la vraie. Il n'est pas étonnant que ces faits aient dû être cachés au citoyen ordinaire.

Si le public britannique s'était rendu compte de la vérité, à savoir que chacune de ces demandes d'Hitler reposait sur une base d'équité raisonnable, le peuple anglais aurait exclu toute question de guerre ; et c'est sur la guerre, et non sur la vérité ou la justice, que la juiverie internationale s'est rabattue.

LA "FAUSSE GUERRE" SE TERMINE PAR DES BOMBARDEMENTS CIVILS

Bien que l'état de guerre ait été déclaré entre la Grande-Bretagne et l'Allemagne en septembre 1939, il est très vite apparu qu'aucune guerre n'était menée par l'Allemagne contre ce pays.

Ce n'était pas une surprise pour ceux qui connaissaient les détails de l'affaire. Hitler avait clairement indiqué, à maintes reprises, qu'il n'avait jamais eu l'intention d'attaquer ou de nuire à la Grande-Bretagne ou à l'Empire britannique. La ligne Siegfried étant fermement maintenue, et les Allemands n'ayant aucune intention d'apparaître à l'ouest de celle-ci, l'impasse à l'ouest, ou la "drôle de guerre", comme on l'a appelée, devait, en l'absence de bombardements des populations civiles, finir par s'éteindre complètement.

Personne n'a été plus rapide à s'en rendre compte que les fauteurs de guerre pro-juifs ; et eux et leurs amis à l'intérieur et à l'extérieur de la Chambre des Communes ont très vite commencé à faire pression pour que cette forme de bombardement de l'Allemagne soit lancée.

Le 14 janvier 1940, le *Sunday Times* a mis en avant une lettre d'un correspondant anonyme, qui demandait pourquoi nous n'utilisions pas notre puissance aérienne "pour accroître l'effet du blocus".

"Scrutator", dans le même numéro, a commenté cette lettre comme suit :

> "Une telle extension de l'offensive se transformerait inévitablement en effroi concurrentiel. Elle pourrait nous être imposée en représailles d'une action ennemie, et nous devons être en mesure d'exercer des représailles si nécessaire. Mais le bombardement de villes industrielles, avec ses pertes inévitables en vies humaines parmi la population civile — c'est à cela que cela aboutirait — serait incompatible avec l'esprit, sinon avec les paroles réelles des engagements pris par les deux parties au début de la guerre."

La citation ci-dessus est tirée d'un livre intitulé *Bombing Vindicated*, publié en 1944 par M. J. M. Spaight, C.B., C.B.E., qui était le principal secrétaire adjoint du ministère de l'armée de l'Air pendant la guerre. Comme son titre l'indique, ce livre est une tentative de justifier l'utilisation aveugle de bombardiers contre la population civile. M. Spaight s'y vante que cette forme de bombardement a "sauvé la civilisation" et révèle le fait surprenant que c'est la **Grande-Bretagne qui a commencé cette forme de guerre impitoyable le soir même du jour où M. Churchill est devenu Premier ministre, le 11 mai 1940.**

À la page 64 de son livre, M. Spaight donne une autre information qui rend ce changement soudain de la politique britannique d'autant plus étonnant ; il déclare en effet que les gouvernements britannique et français ont fait une déclaration le 2 septembre 1939, selon laquelle

> "Seuls des objectifs strictement militaires, au sens le plus étroit du terme, seraient bombardés."

Cette déclaration, bien sûr, a été faite à l'époque où M. Chamberlain était Premier ministre ; et aucun fait unique ne pourrait peut-être délimiter et différencier plus clairement la différence de caractère et de comportement entre M. Chamberlain et M. Churchill.

Le 27 janvier 1940, treize jours après la lettre du *Sunday Times* déjà citée, le *Daily Mail* a approuvé sur le plan éditorial les vues exprimées dans ce numéro par le "Scrutator" ; il a consacré un article d'entête, écrit M. Spaight, pour combattre la suggestion de M. Amery et d'autres de commencer à bombarder l'Allemagne.

Sir Duff Cooper avait écrit la veille dans le même journal que

> "Il semblerait qu'il existe une sorte de trêve non écrite entre les deux belligérants, selon les termes tacites stipulant qu'ils ne se bombarderont pas mutuellement."

Compte tenu de la déclaration faite par la Grande-Bretagne et la France le 2 septembre 1939, selon laquelle elles ne bombarderaient "que des objectifs militaires au sens le plus strict du terme", le verbiage de Sir Duff Cooper sur "une sorte de trêve non écrite" me semble gravement réductrice, même s'il est honnête.

Au sein de la Chambre des Communes, les fauteurs de guerre pro-juifs devenaient de plus en plus intransigeants et de plus en plus déterminés à saboter les chances de transformer la "drôle de guerre" en une paix négociée. Et ce, malgré le fait que la Grande-Bretagne n'avait rien à gagner d'une nouvelle guerre totale, mais bien au contraire son intérêt penchait vers une résolution concertée avec l'Allemagne.

Les Juifs, bien sûr, avaient tout à perdre dans une paix qui laissait intacts le système monétaire allemand sans or et le gouvernement sans Juifs, sans profit pour la communauté de financiers parasites apatrides.

Il me semblait chaque jour plus clair que cette lutte sur la question des bombardements civils était le point crucial de toute l'affaire, et que par cette seule méthode de guerre, les Juifs et leurs alliés pouvaient trancher le nœud gordien de l'impasse et aboutir à la paix, et probablement plus tard à une attaque conjointe contre le bolchevisme juif en Russie.

En conséquence, le 15 février 1940, j'ai posé la question suivante au Premier ministre :

> Le capitaine Ramsay a demandé au Premier ministre : "Sera-t-il en mesure d'assurer à la Chambre que le gouvernement de S.M. ne donnera pas son assentiment aux suggestions qui lui ont été faites, d'abandonner les principes qui l'ont conduit à dénoncer le bombardement des populations civiles en Espagne et ailleurs, et de s'engager lui-même dans une telle politique ?"

M. Chamberlain lui-même a répondu en termes francs :

> "Je ne suis pas au courant des suggestions auxquelles se réfère mon honorable et vaillant ami. La politique du

> gouvernement de Sa Majesté en la matière a été pleinement exposée par moi-même en réponse à une question posée par l'honorable membre de Bishop Auckland (M. Dalton) le 14 septembre dernier.
>
> Dans le cadre de cette réponse, j'ai dit que, quelle que soit l'étendue de ce que d'autres peuvent faire, le gouvernement de Sa Majesté n'aura jamais recours à l'attaque délibérée de femmes et d'enfants, et d'autres civils, à des fins de simple terrorisme. Je n'ai rien à ajouter à cette réponse."

Cette question et la réponse étaient de toute évidence extrêmement déplaisantes pour les fauteurs de guerre, aussi ai-je décidé de pousser l'affaire plus loin. Le 21 février, j'ai posé une autre question sur le sujet :

> Le capitaine Ramsay a demandé au Premier ministre : "Sait-il que les avions soviétiques mènent une campagne de bombardement des populations civiles, et si le gouvernement de Sa Majesté a envoyé des protestations à ce sujet, semblables à celles qui ont été envoyées pendant la guerre civile en Espagne dans des circonstances similaires ?".

M. Butler a répondu pour le Premier ministre :

> "Oui, Monsieur. Les forces aériennes soviétiques ont mené une politique de bombardements aveugles, que l'on ne saurait trop condamner. Le gouvernement de Sa Majesté n'a cependant pas protesté, car il n'y a malheureusement aucune raison de supposer qu'une telle action atteindrait le résultat souhaité."

Il ne fait aucun doute que ces deux réponses directes ont cristallisé la volonté des fauteurs de guerre de se débarrasser d'un Premier ministre dont l'adhésion à une politique droite et humaine devait inévitablement faire échouer leurs plans, étant donné que Hitler ne souhaitait pas la guerre avec la Grande-Bretagne et qu'il ne commencerait donc jamais lui-même les bombardements civils.

Les mécanismes d'intrigue et de rébellion contre M. Chamberlain sont mis en branle. En fin de compte, c'est à lui qu'on a imputé la responsabilité de la bévue de la Norvège, et ce prétexte a été utilisé par le caucus churchillien et socialiste pour assurer sa chute.

Il convient de rappeler à cet égard qu'avant et pendant le pari de la Norvège, M. Churchill avait été investi des pleins pouvoirs et responsabilités pour toutes les opérations navales, militaires et aériennes ; et si quelqu'un méritait donc d'être brisé pour ce second Gallipoli (poursuivi au mépris de la haute autorité navale avertissant que, sans le contrôle du Cattegat et du Skaggerack, il ne pouvait pas réussir), ce devait être le ministre responsable.

Cependant, il n'était pas seulement invaincu, il était acclamé comme Premier ministre. L'homme qui allait déchirer l'engagement britannique du 2 septembre 1939 et commencer à bombarder les civils allemands était l'homme de la situation pour les fauteurs de guerre qui régnaient désormais sur le pays.

Les bombardements civils [par l'Angleterre] ont donc commencé le soir où l'architecte du fiasco norvégien est devenu Premier ministre, à savoir le 11 mai 1940.

DUNKERQUE ET APRÈS

Le capitaine Liddell Hart, éminent critique militaire, a écrit un livre sur les événements militaires de 1939-45, qui a été publié en 1948 et intitulé *The Other Side of the Hill*.

Le chapitre 10 — qui traite de l'invasion allemande de la France jusqu'à Dunkerque inclus — porte le titre quelque peu surprenant de "Comment Hitler a battu la France et sauvé la Grande-Bretagne".

La lecture du chapitre lui-même stupéfiera tous les aveugles de la propagande, encore plus que le titre : car l'auteur y prouve que non seulement Hitler a sauvé ce pays, mais que ce n'était pas le résultat d'un facteur imprévu, ou d'une indécision, ou d'une folie, mais que c'était un but précis, basé sur un principe qu'il avait énoncé depuis longtemps et qu'il avait fidèlement maintenu.

Après avoir donné des détails sur la façon dont Hitler a arrêté péremptoirement le Panzer Corps le 22 mai, et l'a maintenu inactif pendant les quelques jours vitaux, jusqu'à ce que, en fait, les troupes britanniques aient quitté Dunkerque, le capitaine Liddell Hart cite le télégramme d'Hitler à Von Kleist :

> "Les divisions blindées doivent rester à distance moyenne d'artillerie de Dunkerque. L'autorisation n'est accordée que pour les mouvements de reconnaissance et de protection."

Von Kleist a décidé d'ignorer l'ordre, nous dit l'auteur. Pour le citer à nouveau :

> "Puis vint un ordre plus catégorique, selon lequel je devais me retirer derrière le canal. Mes chars sont restés arrêtés là pendant trois jours."

Dans les mots suivants, l'auteur rapporte une conversation qui a eu lieu le 24 mai (c'est-à-dire deux jours plus tard) entre Herr Hitler et le maréchal Von Runstedt, et deux hommes clés de son état-major :

> "Il nous a ensuite étonnés en parlant avec admiration de l'Empire britannique, de la nécessité de son existence, et de la civilisation que la Grande-Bretagne avait apportée au monde...
>
> Il compare l'Empire britannique à l'Église catholique, affirmant qu'ils sont tous deux des éléments essentiels de la stabilité dans le monde. Il déclare que tout ce qu'il attend de la Grande-Bretagne est qu'elle reconnaisse la position de l'Allemagne sur le continent.
>
> Le retour des colonies perdues par l'Allemagne serait souhaitable, mais pas essentiel, et il offrirait même de soutenir la Grande-Bretagne avec des troupes, si elle devait être impliquée dans des difficultés quelque part.
>
> Il a conclu en disant que son objectif était de faire la paix avec la Grande-Bretagne, sur une base qu'elle jugerait compatible avec son honneur d'accepter."

Le capitaine Liddell Hart commente comme suit ce qui

précède :

> "Si l'armée britannique avait été capturée à Dunkerque, le peuple britannique aurait pu avoir le sentiment que son honneur avait subi une tache, qu'il devait effacer. En la laissant s'échapper, Hitler espérait se les concilier. Cette conviction du motif profond d'Hitler a été confirmée par son attitude étrangement dilatoire sur les plans ultérieurs d'invasion de l'Angleterre."

> "Il a montré peu d'intérêt pour les plans", a déclaré Blumentritt, "et n'a fait aucun effort pour accélérer la préparation. C'était tout à fait différent de son comportement habituel. Avant l'invasion de la Pologne, de la France et, plus tard, de la Russie, il avait à plusieurs reprises donné l'impulsion, mais cette fois, il est resté en retrait."

L'auteur poursuit :

> "Comme le récit de sa conversation à Charleville, et de sa retenue ultérieure, provient d'une partie des généraux, qui se méfiaient depuis longtemps de la politique d'Hitler, cela rend leur témoignage d'autant plus remarquable."

Et plus tard, il dit encore :

> "De manière significative, leur récit des pensées d'Hitler sur l'Angleterre à l'heure décisive avant Dunkerque, correspond à beaucoup de choses qu'il a lui-même écrites plus tôt dans *Mein Kampf* ; et il est remarquable de voir à quel point il a suivi sa propre Bible à d'autres égards."

Quiconque a lu *Mein Kampf* appréciera immédiatement l'exactitude de la déclaration ci-dessus. Il s'agit en fait d'un euphémisme. Ce livre remarquable est traversé par deux thèmes principaux, comme je l'ai montré dans un chapitre précédent — l'un, une description détaillée et une dénonciation de la machine capitaliste-révolutionnaire juive ; l'autre, l'admiration et la volonté d'amitié avec la Grande-Bretagne et l'Empire britannique au sens large.

Il est regrettable, en effet, que si peu de personnes dans cette île aient lu ce livre par elles-mêmes ; et c'est une tragédie qu'elles aient au contraire avalé en bloc les déformations sans scrupules et la propagande mensongère sur le sujet, qui leur ont été servies par la machinerie publicitaire juive, opérant à travers notre presse et notre radio.

Que ces personnes essaient d'obtenir un exemplaire de ce livre et, si elles ne le trouvent pas, qu'elles se disent que si son contenu confirme les mensonges qu'on leur a racontés à son sujet et au sujet de son auteur, les puissances qui se cachent derrière notre presse veilleront à ce que chacun puisse s'en procurer un exemplaire au prix le plus bas possible.

Quoi qu'il en soit, j'invite mes compatriotes à réfléchir sérieusement aux faits suivants.

Le juif Karl Marx a établi que le bolchevisme ne pourrait jamais vraiment réussir tant que l'Empire britannique n'aurait pas été complètement détruit.

Hitler a affirmé que l'Empire britannique était un élément essentiel de la stabilité dans le monde et s'est même déclaré prêt à le défendre avec des troupes, s'il devait être impliqué dans des difficultés quelque part.

Par une propagande sans scrupules et d'une ampleur sans précédent, ce pays a été amené à détruire ceux qui voulaient être ses amis et qui ont offert leur vie pour le défendre, et à exalter ceux qui ont proclamé que sa destruction était un préalable nécessaire au succès de leur idéologie, perdant ainsi son empire et son indépendance économique.

LA FORME DES CHOSES À VENIR

Si la nouvelle connaissance de l'anxiété d'Hitler à l'égard de la préservation de l'Empire britannique a récemment surpris de nombreuses personnes dans ce pays, cela a certainement dû être un véritable choc pour eux d'apprendre que le président Roosevelt, d'autre part, était son ennemi invétéré ; qu'il n'était pas seulement un pro-communiste d'origine juive, mais qu'avant de faire entrer l'Amérique dans la guerre, il avait clairement indiqué qu'il souhaitait briser l'Empire britannique.

Son fils, le colonel Elliot Roosevelt, explique très clairement ce dernier point dans son livre, *As He Saw It*, récemment publié aux États-Unis.

Aux pages 19 à 28 de ce livre, le colonel Roosevelt nous raconte qu'en août 1941, son père, après avoir fait croire au peuple américain qu'il partait à la pêche, s'est en fait rendu à une réunion avec M. Churchill à bord d'un navire de guerre dans la baie d'Argentia.

Lord Beaverbrook, Sir Edward Cadogan, et Lord Cherwell (le professeur Lindeman de race et de nationalité douteuses), et M. Averell Harriman étaient présents, dit-il.

À la page 35, il cite son père qui dit,

> "Après la guerre… il devra y avoir la plus grande liberté de commerce possible… aucune barrière artificielle."

M. Churchill a fait référence aux accords commerciaux de l'Empire britannique, et M. Roosevelt a répondu :

> "Oui. Ces accords commerciaux de l'Empire en sont un bon exemple. C'est à cause d'eux que les peuples d'Inde, d'Afrique et de tout le Proche-Orient colonial sont toujours aussi arriérés…
>
> Je ne peux pas croire que nous puissions mener une guerre contre l'esclavage fasciste, et en même temps ne pas travailler à libérer les gens du monde entier d'une politique coloniale arriérée."

"La paix," dit fermement le Père, "ne peut inclure aucun despotisme continu."

Ce discours insolent contre l'Empire britannique est devenu si prononcé qu'à la page 31, le colonel Roosevelt rapporte que M. Churchill a dit,

> "M. le Président, je crois que vous essayez de vous débarrasser de l'Empire britannique."

Ce commentaire était très proche de la réalité, car le président avait parlé de l'Inde, de la Birmanie, de l'Égypte, de la Palestine, de l'Indochine, de l'Indonésie et de toutes les colonies africaines qui devaient être "libérées".

À la page 115, le colonel rapporte que son père a dit :

> "Ne pense pas un instant, Elliot, que les Américains mourraient dans le Pacifique ce soir s'il n'y avait pas eu la cupidité à courte vue des Français, des Britanniques et des Hollandais. Devrions-nous les laisser recommencer ?"

Ce n'était pourtant pas du tout les raisons invoquées pour la guerre, et pour lesquelles les Américains pensaient mourir ; le président ne fait d'ailleurs aucune référence aux prétextes donnés à ses compatriotes pour la guerre.

Les Britanniques, qui meurent en plus grand nombre, se sont vus dire au contraire qu'ils mouraient pour défendre leur Empire contre les plans diaboliques d'Hitler. Ils sont loin de se douter que c'est leur soi-disant allié qui planifie sa destruction.

Le président aurait dit, à la page 116 :

> "Quand nous aurons gagné la guerre, je veillerai à ce que les États-Unis ne soient pas poussés à élaborer des plans qui aideront ou soutiendront l'Empire britannique dans ses ambitions impérialistes."

Et quelques pages plus loin :

> "J'ai essayé de faire comprendre à Winston et aux autres… qu'ils ne doivent jamais avoir l'idée que nous sommes là uniquement pour les aider à s'accrocher aux idées archaïques et médiévales de l'Empire."

Ceux qui soupent avec le diable ont besoin d'une longue cuillère. M. Churchill, qui s'est autoproclamé "l'architecte constant de l'avenir des Juifs", s'est retrouvé à jouer les seconds rôles face à un architecte encore plus digne de confiance ; si éminent, en fait, qu'il n'a même pas jugé utile de faire étalage du moindre respect pour l'Empire britannique.

Le premier Moïse, Karl Marx, avait dénoncé l'Empire depuis longtemps, et en 1941, seuls des adversaires insensés du judaïsme et du marxisme, comme Herr Hitler, tenaient à défendre cet Empire, car ils le reconnaissaient comme un rempart de la civilisation chrétienne.

Bien que, comme nous l'avons vu, M. Churchill soit montré dans ce livre comme devenant de temps en temps un peu irascible à cause des déclarations du président concernant la liquidation de l'Empire, cela ne l'a pas empêché de se présenter plus tard à la Chambre des communes comme "l'ardent lieutenant de Roosevelt".

M. Churchill n'a pas expliqué dans quelles circonstances particulières le Premier ministre du roi pouvait être un ardent lieutenant d'un président républicain, dont le dessein était de détruire l'empire de ce monarque, et il ne l'a pas encore fait. En une autre occasion, M. Churchill a fait une remarque tout aussi énigmatique. Il a assuré à la Chambre des Communes,

> "Il ne fait pas partie de mes fonctions de présider à la liquidation de l'Empire britannique."

Non, en effet ! Il n'était pas non plus dans ses attributions, lorsqu'on lui a dit qu'il devait être liquidée, de se déclarer l'ardent lieutenant du futur liquidateur. Nous pourrions ajouter que, lorsqu'il était ministre de la Défense, avec les codes de l'Amirauté et d'autres codes à sa disposition, il n'était pas non plus de son devoir, en tant que lieutenant de M. Chamberlain, même s'il n'était pas très ardent, d'entretenir une correspondance personnelle de la nature de celle qu'il a entretenue avec le président Roosevelt au moyen du code très secret du Foreign Office américain.

LE RÔLE DU PRÉSIDENT ROOSEVELT

Dans ma déclaration au président et aux membres de la Chambre des Communes concernant ma détention (voir l'annexe 1), j'ai résumé, à la fin de la première partie, les considérations qui m'ont amené à inspecter les documents secrets de l'ambassade des États-Unis dans l'appartement de M. Tyler Kent au cours des dernières semaines de M. Chamberlain au poste de premier ministre.

Les deux premières de ces six considérations sont les suivantes :

Comme de nombreux membres des deux Chambres du Parlement, j'étais pleinement conscient que, parmi les agences, tant ici qu'à l'étranger, qui s'étaient activement engagées à promouvoir l'animosité entre la Grande-Bretagne et l'Allemagne, la juiverie organisée, pour des raisons évidentes, avait joué un rôle de premier plan.

Je savais que les États-Unis étaient le siège de la juiverie et, par conséquent, le centre réel, bien que non apparent, de ses activités. Ce n'est qu'en 1948 que des preuves corroborantes de ce qui précède, provenant de sources américaines irréprochables, sont arrivées entre mes mains ; mais lorsqu'elles sont arrivées, le caractère authentique et entièrement documenté du travail ne laissait rien à désirer.

Je fais référence au livre du professeur Charles Beard intitulé *President Roosevelt and the Coming of the War 1941*, qui a été publié par la Yale University Press en avril 1948. Ce livre, qui s'accompagne de toute l'autorité de son éminent auteur, n'est rien de moins qu'une formidable mise en accusation du président Roosevelt sur trois points principaux.

Premièrement, il s'est fait élire sur la base de promesses répétées selon lesquelles il tiendrait les États-Unis à l'écart de toute guerre en Europe ; deuxièmement, il a sans cesse et de manière flagrante ignoré non seulement ses promesses au peuple américain, mais aussi toutes les lois de la neutralité ; troisièmement, à un moment prédéterminé, il a délibérément transformé cette guerre froide qu'il menait en une guerre armée, en envoyant aux Japonais un ultimatum dont personne ne pouvait imaginer qu'il pouvait déboucher sur autre chose qu'une guerre immédiate.

Parmi les nombreux exemples donnés concernant la première question, j'en cite un :

"À Boston, le 30 octobre 1940, il (F.D.R.) a été encore plus catégorique, car il y a déclaré :

> 'J'ai déjà dit cela, mais je le dirai encore et encore et encore : Vos garçons ne seront pas envoyés dans une quelconque guerre étrangère' ;

Et le 29 décembre :

> Vous pouvez donc considérer tout discours sur l'envoi d'armées en Europe comme une contre-vérité délibérée."

Le professeur Beard poursuit en prouvant que pendant que M. Roosevelt prononçait ces discours, il traitait les lois internationales de neutralité avec un mépris total, et dans le seul intérêt de ceux qui menaient les batailles des Juifs. Les deux principales formes d'intervention sans tir étaient le convoyage de navires américains de munitions et de fournitures pour les alliés, et le Lend Lease Act.

Quels que soient nos sentiments en appréciant l'aide apportée aux arsenaux et à la marine des États-Unis par ces deux décisions de guerre froide de M. Roosevelt, personne ne peut prétendre qu'elles étaient conformes à ses engagements envers le peuple américain ou aux principes fondamentaux du droit international en matière de neutralité.

Ces actes du Président ont fait l'objet d'un discours très clair au Congrès. Le représentant U. Burdick, du Dakota du Nord, a déclaré :

> "Toute notre aide à la Grande-Bretagne peut signifier n'importe quoi... Vendre ses fournitures est une chose... vendre ses fournitures et les convoyer en est une autre, avoir une véritable guerre est le recours ultime — ce recours devient inévitable dès la première chose !"

Le représentant Hugh Paterson, de Géorgie, a déclaré :

"C'est une mesure de guerre agressive."

Le représentant Dewey Short, du Missouri, a déclaré :

> "On ne peut pas être à moitié dans la guerre et à moitié hors de la guerre… Vous pouvez habiller cette mesure autant que vous voulez (le prêt-bail), vous pouvez l'asperger de parfum et la saupoudrer de poudre… mais elle reste immonde et suspecte au plus haut point."

Le représentant Philip Bennett, du Missouri, a déclaré :

> "Cette conclusion est inéluctable, à savoir que le président est réconcilié avec une intervention militaire active si une telle intervention est nécessaire pour vaincre l'Axe dans cette guerre.
>
> Mais nos garçons ne vont pas être envoyés à l'étranger, dit le Président.
>
> C'est absurde, Monsieur le Président ; en ce moment même, leurs couchettes sont construites dans nos navires de transport. En ce moment même, les étiquettes d'identification des morts et des blessés sont imprimées par la société William C. Ballantyne and Co. de Washington".

Le professeur Beard prouve longuement le troisième point, en montrant comment, au moment opportun, le président Roosevelt a forcé les Japonais à entrer en guerre par un ultimatum exigeant le respect immédiat de conditions qui n'auraient jamais pu être acceptées par aucun pays. "Le mémorandum que le sénateur Hull, avec l'approbation du président Roosevelt, remit au Japon le 26 novembre 1941… représentait les conditions maximales d'une politique américaine pour tout l'Orient", écrit le professeur Beard, et poursuit :

> "Il n'était pas nécessaire d'avoir une connaissance approfondie de l'histoire, des institutions et de la psychologie japonaises pour justifier [...] d'abord qu'aucun Cabinet japonais, 'libéral ou réactionnaire', n'aurait pu accepter ces dispositions."

Et encore plus tard :

> "L'agent japonais considérait le mémorandum américain comme une sorte d'ultimatum. C'est du moins ce que savait le secrétaire Hull le 26 novembre."

C'est ainsi que la période d'intervention maximale, sans aller jusqu'à une guerre armée, a pris fin, et que Roosevelt a pu sauver la face en envoyant des garçons américains à l'étranger sans apparemment rompre l'esprit de ses nombreuses promesses.

Au fur et à mesure que la guerre avançait, la politique et les sympathies réelles du président devenaient de plus en plus évidentes. Sa tromperie envers les Britanniques et leurs alliés n'était pas moins flagrante que sa tromperie envers le peuple américain.

Comme le professeur Beard le souligne à la page 576 :

> "Les nobles principes des quatre libertés et de la Charte de l'Atlantique ont été, à des fins pratiques, écartés dans les règlements qui ont accompagné le progrès et suivi la conclusion de la guerre.
>
> Le traitement des peuples d'Estonie, de Lituanie, de Pologne, de Roumanie, de Yougoslavie, de Chine, d'Indochine, d'Indonésie, d'Italie, d'Allemagne et d'autres endroits de la planète témoigne de la validité de cette affirmation."

Une grande force motrice était manifestement à l'œuvre pour inciter un président des États-Unis à agir de la sorte.

Nous avons vu dans un chapitre précédent que ce n'était pas la préservation de l'Empire britannique, ni de l'Empire français, ni des Pays-Bas, qui influençait le président. Au contraire, il avait conseillé à son ardent lieutenant, M. Churchill, au début de la guerre froide, de les liquider.

Ce n'est pas l'Europe, ni les pays d'Europe, ni leurs libertés, ni les droits de la Charte atlantique des quatre libertés qui le freinèrent dans ses intentions initiales.

Nous savons maintenant que les armées britannique et américaine ont en fait été stoppées par le général Ike Eisenhower en vertu des décisions de M. Roosevelt à la conférence de Yalta, afin que l'Armée rouge du bolchevisme juif puisse déborder la moitié de l'Europe et occuper Berlin.

Pour citer à nouveau le professeur Beard :

> "En conséquence de la guerre dite nécessaire pour renverser le despotisme d'Hitler, un autre despotisme a été élevé à un niveau de pouvoir supérieur."

En conclusion, le professeur Beard condense les nombreux actes d'accusation contre le Président exposés dans son livre, en 12 chefs d'accusation principaux, et déclare :

> "Si ces précédents doivent être maintenus, et fournir des sanctions pour la conduite continue des affaires de

> l'Amérique — la Constitution peut être annulée par le Président et les officiers qui ont prêté serment et ont l'obligation morale de la respecter.
>
> Au gouvernement limité par la loi suprême, ils peuvent substituer un gouvernement personnel et arbitraire — le premier principe du système totalitaire contre lequel on prétend que la Seconde Guerre mondiale a été menée — tout en se réclamant du principe du gouvernement constitutionnel."

Lorsque l'on réfléchit au contenu stupéfiant du livre du professeur Beard et qu'on le met en parallèle avec les révélations du colonel Roosevelt dans *As He Saw It*, une question se pose : qui et quels intérêts le président Roosevelt n'a-t-il pas trahi ?

À cette question, je ne vois qu'une seule réponse, à savoir, ces gens et leurs intérêts qui ont planifié dès le début l'utilisation des arsenaux et des forces des États-Unis pour poursuivre une guerre qui anéantirait une Europe qui s'était **libérée de l'or juif** et du contrôle révolutionnaire : des gens qui ont planifié de dissoudre l'Empire britannique, de forger des chaînes de dettes impayables, avec lesquelles ils pourraient contraindre la Grande-Bretagne à cette fin ; et de permettre aux Soviets de "dominer l'Europe comme un colosse", en d'autres termes, la juiverie internationale.[13]

---

[13] Ces mêmes mots ont été utilisés par le général Smuts, qui a ajouté qu'il se réjouissait d'une telle perspective. Il convient de rappeler que le général Smuts était auparavant le principal conseiller juridique de l'Organisation sioniste en Afrique du Sud.

LE RÈGLEMENT 18B

Le 23 mai 1940, dans les quinze premiers jours de la présidence de M. Churchill, plusieurs centaines de sujets britanniques, dont une grande partie d'anciens militaires, ont été soudainement arrêtés et jetés en prison en vertu du règlement 18B.

Depuis quelques jours, toute la presse menait une campagne tourbillonnante, en crescendo, contre une supposée cinquième colonne dans ce pays, qui, disait-on, attendait d'aider les Allemands lors de leur débarquement.

La fausseté de cette campagne est prouvée par le fait que notre service de renseignements le plus compétent n'a jamais produit la moindre preuve d'une telle conspiration, ni la preuve d'un plan ou d'un ordre s'y rapportant, ni la complicité d'un seul homme arrêté dans une telle entreprise.[14]

---

[14] En lisant ceci, pensez aux mensonges concernant les prétendues armes de destruction massive stockées par Saddam Hussein, pour justifier le massacre en Irak. Il n'y en avait pas, sinon elles auraient été utilisées, n'est-ce pas ? Et rappelez-vous le commentaire de

Si de telles preuves avaient été fournies, les personnes impliquées auraient sans aucun doute été inculpées et jugées, et ce à juste titre. Mais il n'y a pas eu un seul cas d'homme arrêté en vertu de l'article 18B qui soit un sujet britannique et qui ait été inculpé.

Quatre chefs d'accusation ont été retenus contre une femme, l'épouse d'un éminent amiral, Mme Nicholson. Elle a été jugée par un juge et un jury, et acquittée de tous les chefs d'accusation. Cela ne l'a toutefois pas empêchée d'être arrêtée à la sortie du palais de justice, acquittée, et d'être jetée dans la prison de Holloway en vertu du règlement 18B, où elle est restée pendant des années.

Le règlement 18B a été introduit à l'origine pour faire face à certains membres de l'I.R.A., qui commettaient un certain nombre de délits mineurs insensés à Londres. Sans ce règlement, aucun lieutenant de Sa Majesté au Royaume-Uni ne pouvait être arrêté et détenu en prison pour suspicion.

Cette pratique avait été abandonnée depuis longtemps dans ce pays, sauf dans de courtes périodes de conspiration grave et avérée, et dans ces occasions l'Habeas Corpus était toujours suspendu.

La loi 18B permet de faire revivre le processus médiéval

G.W. Bush au début, lorsqu'il déclarait la "guerre au terrorisme" : "Si vous n'êtes pas pour nous, vous êtes contre nous". Ainsi, ceux qui sont contre la guerre sans fin sont soupçonnés et accusés d'être des terroristes. Plus les choses changent, plus elles restent les mêmes. Nde.

d'arrestation et d'emprisonnement sur présomption sans suspension de l'Habeas Corpus. Il s'agit en fait d'un retour au système des *Lettres de Cachet*,[15] par lequel les personnes dans la France pré-révolutionnaire étaient consignées à la Bastille.

Il convient de rappeler que ces personnes jouissaient de relations sociales complètes avec leur famille et qu'elles avaient droit à leurs propres domestiques, à leur propre assiette, à leur propre linge, à leur propre nourriture et à leur propre boisson pendant leur séjour en prison ; un traitement très différent de celui réservé aux personnes détenues en vertu de l'article 18B, dont le traitement pendant un certain temps n'était guère différent de celui des criminels ordinaires et, en fait, pire que celui de n'importe quel prévenu.

Ces outrages de l'I.R.A. étaient si futiles en eux-mêmes et si apparemment dénués de sens, à une époque où il n'y avait pas de différences marquées entre ce pays et l'État libre d'Irlande, que j'ai commencé à faire un certain nombre de recherches.

Je n'ai pas été surpris de découvrir que des membres spéciaux de l'I.R.A. avaient été enrôlés pour commettre ces outrages et qu'ils étaient pratiquement tous communistes.

J'ai appris d'excellente source que le Left Book Club de Dublin avait été activement impliqué dans cette affaire ;

---

[15] En français dans l'original, Ndt.

et finalement, les noms de 22 de ces hommes ont été mis entre mes mains ; et là encore, j'ai appris d'excellente source qu'ils étaient **tous communistes**.

Dès que j'ai reçu cette information, j'ai posé une question au ministre de l'Intérieur et j'ai proposé de fournir les informations nécessaires si l'affaire était traitée. Mes démarches n'ont pas abouti. Cependant, ces outrages d'inspiration communiste ont donné lieu à la mise en place du règlement 18 B.[16]

Bien que l'I.R.A. ait été invoquée comme excuse à la Chambre pour un règlement, presque aucun de ses membres n'a jamais été arrêté en vertu de celui-ci ; mais en temps voulu, il a été utilisé pour arrêter et détenir pendant 4 ou 5 ans, sans inculpation, plusieurs centaines de sujets britanniques, dont le seul dénominateur commun était qu'ils s'opposaient au pouvoir juif sur ce pays en général, et à ses efforts pour le pousser dans une guerre dans des intérêts purement juifs en particulier.

Maintenant nous savons que le communisme est contrôlé par les juifs.

Si la juiverie marxiste avait besoin d'un moyen pour obtenir l'assentiment du parlement à un règlement comme le 18 B, quelle méthode plus simple pour atteindre cet objectif, sans éveiller les soupçons quant à sa véritable arrière-pensée, que de s'arranger pour que quelques membres communistes de l'I.R.A. posent des

---

[16] Et aujourd'hui, nous avons le U.S.A. Patriot Act, par les mêmes méthodes, et pour la même raison. Pour étouffer la vérité et ceux qui disent la vérité.

bombes dans les vestiaires des gares de Londres ?

Chacun est censé avoir droit à son opinion dans ce pays ; et, en outre, lorsque nous ne pouvons pas fournir de preuve absolue, nous pouvons dire avec le ministre de l'intérieur, comme je le fais ici, que j'ai des "motifs raisonnables de croire" que c'est la véritable histoire derrière la promulgation du règlement 18B.

Lorsque la clause a été introduite pour la première fois à la Chambre, le libellé original stipulait très clairement que le ministre de l'Intérieur devait avoir le pouvoir de détenir des personnes de naissance et d'origine britannique "s'il était convaincu que" cette détention était nécessaire. Cette terminologie était, au moins, parfaitement claire.

Aucun autre avis ou contrôle sur le pouvoir discrétionnaire personnel et absolu du ministre de l'Intérieur n'était envisagé : un retour, en fait et en substance, aux *Lettres de Cachet* et à la Chambre étoilée. La Chambre des Communes refusa catégoriquement d'accepter une telle clause ou de céder ses pouvoirs de contrôle et ses responsabilités en tant que gardienne des droits et libertés du citoyen à un individu, qu'il soit ministre ou non.

Le gouvernement dut donc retirer la phrase incriminée et présenta un deuxième projet pour approbation quelques jours plus tard. Dans ce nouveau projet, rédigé, comme les porte-parole du gouvernement s'efforcent de l'expliquer, conformément aux souhaits exprès de la Chambre, la garantie nécessaire contre la tyrannie arbitraire de l'exécutif avait été introduite.

Les mots "Home Secretary is satisfied that," ont été remplacés par "Has reasonable cause to believe that".

Les porte-parole du gouvernement ont longuement expliqué à cette occasion que cette formulation offrait la garantie requise. Les membres du Parlement ont été amenés à croire que leurs souhaits avaient prévalu, et qu'ils devaient être les juges de ce qui serait ou ne serait pas une "cause raisonnable" de maintien en détention (comme cela a été prouvé dans les débats ultérieurs), et une Chambre plutôt mal à l'aise a adopté la clause sous cette forme, et sur la base de cette acception.

Deux ans plus tard, lorsque l'avocat d'un prisonnier 18B a plaidé devant la Cour dans ce sens, et a exigé une sorte de ventilation de l'affaire de son client devant des membres du Parlement ou un tribunal, le procureur général lui-même a plaidé au nom du gouvernement que les mots "a des raisons de croire que" signifiaient exactement la même chose que "est convaincu que".

L'affaire s'est arrêtée là en ce qui concerne les tribunaux, bien qu'elle ait fait l'objet du commentaire le plus cinglant d'un éminent Lord spécialiste du droit.

J'ai moi-même été arrêté en vertu de ce règlement le 23 mai 1940 et jeté dans la prison de Brixton, où je suis resté en cellule jusqu'au 26 septembre 1944, sans qu'aucune accusation ne soit portée contre moi, recevant simplement une brève notification du ministère de l'Intérieur à cette dernière date, selon laquelle l'ordre de détention avait été "révoqué".

Un document contenant les "Particularités" censées être

les raisons de ma détention m'a été fourni peu après mon arrestation. J'y ai répondu au cours d'une journée d'interrogatoire par le soi-disant Comité consultatif, devant lequel je n'ai pu appeler aucun témoin, je ne savais pas qui étaient mes accusateurs, ni les accusations qu'ils avaient portées, et je n'ai pas été autorisé à me faire assister par un avocat.

Ces détails, ainsi que ma réponse détaillée à chacun d'entre eux, ont été exposés dans la partie II d'une déclaration que j'ai fournie plus tard au président et aux membres de la Chambre des Communes ; on les trouvera dans l'annexe de ce livre. Elles étaient basées sur l'affirmation fausse que mon attitude anti-communiste était bidon et qu'elle servait de couverture à des activités déloyales.

La fausseté de cette calomnie peut être facilement prouvée par mes dix années précédentes d'attaques incessantes contre le communisme, tant par des questions et des discours à la Chambre des Communes qu'en dehors.

QUI OSE ?

Le matin suivant ma libération de la prison de Brixton, je me suis rendu à la Chambre des communes à l'heure habituelle de 10 h 15, ce qui ne manqua pas de surprendre. Il n'a pas fallu longtemps pour que les Juifs et leurs amis soient sur ma piste, et celle du Right Club.

Une série de questions provocatrices apparurent bientôt au Feuilleton ; mais, comme Gallio qui, lorsque les Juifs prirent Sosthène et le battirent devant le tribunal, "ne se souciait pas de ces choses", je ne donnai aucun signe d'intérêt. Les journalistes des galeries de presse ont alors été mis à contribution pour tenter de me soutirer au moins quelques-uns des noms figurant dans le "Livre rouge" des membres du Right Club.

Or, les noms des membres du Right Club figurant dans le Livre rouge étaient, comme les journaux l'ont crié haut et fort, gardés strictement privés, dans le seul but d'empêcher que ces noms ne soient connus des Juifs. La seule raison de cette confidentialité était le souhait exprimé par les membres eux-mêmes.

Pour moi, personnellement, le maintien du secret des noms n'a été qu'un inconvénient. Elle facilitait les déformations de toutes sortes de la part de mes ennemis ;

la publication des noms m'aurait été d'un grand secours à tous égards. La seule raison de cette stipulation à l'adhésion de tant de membres était la crainte bien fondée de représailles juives de nature grave.

Je me souviens en particulier de la conversation sur ce sujet avec l'un de ces journalistes de la tribune de la presse de la Chambre des communes. C'était un jeune homme attachant, et particulièrement importun. Ne pourrais-je pas lui donner quelques-uns de ces noms ? Je lui ai répondu :

> "Supposons que votre nom ait figuré parmi ceux du Livre rouge ; et supposons qu'au mépris de la promesse que je vous ai faite de ne pas le révéler, je me sois mis à le communiquer à la presse ; et à fournir cette preuve irréfutable que vous êtes membre d'une société de lutte contre la domination juive en Grande-Bretagne : vous ne conserveriez pas votre emploi six mois de plus dans votre journal."

"Je ne devrais pas le garder plus de six minutes", fut la réponse rapide.

> "Exactement", ai-je répondu. "Vous comprenez maintenant pourquoi je ne peux pas vous donner le nom d'un seul membre du Right Club du Livre Rouge. Vous confirmez vous-même leurs pires craintes."

Plusieurs centaines de pauvres gens se trouvent dans cette situation aujourd'hui ; en fait, "centaines" n'est qu'une question d'expression. Le nombre réel doit être prodigieux. Combien, pourrait-on demander, peuvent se permettre de courir le risque de perdre leur gagne-pain en faisant savoir qu'ils sont conscients de l'emprise juive et prêts à s'y opposer.

Même les magnats les plus riches et les plus influents du pays n'osent pas braver la colère de la juiverie organisée, comme le montre l'histoire du contrôle des actions du *Daily Mail* aux pages 6 et 7 de ma déclaration au Président.

Ce n'est pas seulement le cas en Grande-Bretagne, mais peut-être encore plus aux États-Unis, comme le prouvent les journaux intimes de feu M. James Forrestal.

Les Journaux de Forrestal, publiés par la Viking Press, New York, 1951, ne me parviennent qu'au moment où ce livre est mis sous presse. Venant d'un homme d'une grande intégrité, qui fut sous-secrétaire de la marine américaine à partir de 1940, et secrétaire à la défense de 1947 jusqu'à sa démission et sa mort suspecte quelques jours plus tard en mars 1949, ils sont de la plus haute importance. La révélation la plus importante est datée du 27 décembre 1945 (pages 121 et 122) :

> "J'ai joué au golf aujourd'hui avec Joe Kennedy (Joseph P. Kennedy, qui était l'ambassadeur de Roosevelt en Grande-Bretagne dans les années précédant immédiatement la guerre). Je l'ai interrogé sur ses conversations avec Roosevelt et Neville Chamberlain à partir de 1938. Il a dit que la position de Chamberlain en 1938 était que l'Angleterre n'avait rien pour se battre et qu'elle ne pouvait pas prendre le risque d'entrer en guerre avec Hitler.
>
> L'opinion de Kennedy : Hitler aurait combattu la Russie sans conflit ultérieur avec l'Angleterre si Bullitt (William C. Bullitt — un demi-Juif — alors ambassadeur en France) n'avait pas insisté auprès de

> Roosevelt, au cours de l'été 1939, pour que les Allemands soient confrontés à la Pologne ; ni les Français ni les Britanniques n'auraient fait de la Pologne un motif de guerre si Washington ne les avait pas constamment aiguillonnés.
>
> Bullitt, dit-il, ne cessait de dire à Roosevelt que les Allemands ne se battraient pas, Kennedy qu'ils le feraient, et qu'ils envahiraient l'Europe. Chamberlain, dit-il, a déclaré que l'Amérique et les Juifs du monde avaient forcé l'Angleterre à entrer en guerre."

Si les informations de M. Forrestal concernant les impulsions derrière la récente guerre avaient besoin d'être confirmées, elles l'ont déjà été par les déclarations franches de M. Oswald Pirow, ancien ministre sud-africain de la défense, qui a déclaré à l'Associated Press le 14 janvier 1952 à Johannesburg que :

> "Chamberlain lui avait dit qu'il subissait une forte pression de la part de la juiverie mondiale pour ne pas s'entendre avec Hitler."

La deuxième révélation la plus importante du journal de Forrestal concerne le sionisme. Il ressort clairement des entrées qu'en décembre 1947, M. Forrestal était très préoccupé par l'intervention des sionistes dans la politique américaine. Il fait état de conversations avec M. Byrnes et le sénateur Vandenberg, le gouverneur Dewey et d'autres, pour tenter de sortir la question de la Palestine de la politique des partis. À partir de ce moment, il semble avoir fait des efforts continus dans ce but.

Le journal enregistre le 3 février 1948 (pages 362 et 363) :

> Visite aujourd'hui de Franklin D. Roosevelt Jr, qui s'est présenté comme un fervent défenseur d'un État juif en Palestine, selon lequel nous devrions soutenir la "décision" des Nations unies, j'ai fait remarquer que les Nations unies n'avaient encore pris aucune "décision", qu'il ne s'agissait que d'une recommandation de l'Assemblée générale et que je pensais que les méthodes utilisées par des personnes extérieures à la branche exécutive du gouvernement pour exercer une coercition et une contrainte sur d'autres nations au sein de l'Assemblée générale frisaient le scandale...
>
> J'ai dit que je m'efforçais simplement de retirer la question de la politique, c'est-à-dire de faire en sorte que les deux partis conviennent qu'ils ne se disputeront pas les voix sur cette question.
>
> Il a déclaré que c'était impossible, que la nation était trop engagée et que, de plus, le parti démocrate serait forcément perdant et les républicains gagnants par un tel accord.
>
> J'ai dit que j'étais obligé de lui répéter ce que j'avais dit au sénateur McGrath en réponse à l'observation de ce dernier selon laquelle notre refus de suivre les sionistes risquait de nous faire perdre les États de New York, de Pennsylvanie et de Californie — que je pensais qu'il était temps que quelqu'un se demande si nous ne risquions pas de perdre les États-Unis."

Après une courte note de l'éditeur du journal, l'entrée du 3 février 1948 se poursuit (page 364) :

> "J'ai déjeuné avec M. B. M. Baruch. Après le déjeuner, j'ai soulevé la même question avec lui. Il a pris le parti de me conseiller de ne pas être actif dans cette affaire particulière, et que j'étais déjà identifié, à un degré qui n'était pas dans mon propre intérêt, à l'opposition à la politique des Nations Unies sur la Palestine."

C'est à peu près à cette époque qu'une campagne de diffamation et de calomnie sans pareille fut lancée dans la presse et les périodiques américains contre M. Forrestal. Cela semble l'avoir si fortement affecté qu'en mars 1949, il démissionne du ministère de la Défense U.S. et le 22 du même mois, il est retrouvé mort à la suite d'une chute depuis une fenêtre très haute.

ÉPILOGUE

Je serai toujours reconnaissant aux nombreux députés qui ont facilité mon retour au Parlement par leurs salutations immédiates et leur attitude amicale.

Beaucoup, je le crains, dont les actions dans l'hémicycle même et à l'extérieur ont été détectées ou rapportées aux représentants de la presse, se sont retrouvés victimes d'une vendetta au sein de leur circonscription et dans la presse sur ce compte spécifique.

Lorsque nous réfléchissons à ces événements sanglants, de l'époque du roi Charles Ier à nos jours, nous ne pouvons finalement trouver qu'un seul motif de satisfaction, si tant est qu'un tel mot puisse être approprié. C'est que, pour la première fois, nous pouvons maintenant retracer les influences sous-jacentes qui expliquent ces hideuses défigurations de l'histoire européenne.

À la lumière des connaissances actuelles, nous pouvons maintenant reconnaître et comprendre la véritable signification de ces terribles événements. Au lieu de simples événements déconnectés, nous pouvons maintenant discerner le travail impitoyable d'un plan satanique ; et en voyant et en comprenant, nous sommes en mesure de prendre des mesures à l'avenir pour sauvegarder toutes ces valeurs que nous aimons et défendons, et que ce plan cherche clairement à détruire.

Nous pouvons enfin commencer à nous opposer aux planificateurs et aux opérateurs de ce plan, en connaissant ce dernier et leur technique, qui jusqu'à présent n'étaient connus que d'eux. En d'autres termes, étant prévenus, c'est notre faute si nous ne sommes pas armés.

N'oublions pas des paroles comme celles du juif Marcus Eli Ravage, qui a écrit dans le *Century Magazine* U.S.A. en janvier 1928 :

> "Nous sommes à l'origine, non seulement de la dernière guerre, mais de toutes vos guerres ; et non seulement de la révolution russe, mais de toutes vos révolutions dignes d'être mentionnées dans vos livres d'histoire."

N'oublions pas non plus celles du professeur Harold Laski, qui écrivait dans le *New Statesman* et le *Nation* le 11 janvier 1942 :

> "Car cette guerre n'est dans son essence qu'une immense révolution dont la guerre de 1914, la révolution russe et les contre-révolutions sur le continent sont des phases antérieures."

Ni l'avertissement de cet éminent avocat, éditeur et journaliste juif américain, Henry Klein, émis l'année dernière seulement :

> "Les Protocoles sont le plan par lequel une poignée de Juifs, qui composent le Sanhédrin, visent à gouverner le monde en détruisant d'abord la civilisation

> chrétienne."

> "Non seulement les protocoles sont authentiques, à mon avis, mais ils ont été presque entièrement réalisés."

Ils ont en effet été largement réalisés, et les Juifs ne doivent pas manquer de remercier M. Roosevelt et son "ardent lieutenant", l'autoproclamé "architecte de l'avenir juif".

Dans le processus, cependant, la Grande-Bretagne et son Empire et, pire encore, sa réputation et son honneur ont été réduits en poussière. Comme l'a écrit le professeur Beard :

> "Les nobles principes des Quatre Libertés et de la Charte de l'Atlantique ont été, à des fins pratiques, mis au rebut dans les règlements qui ont accompagné le déroulement et suivi la conclusion de la guerre. Le traitement réservé aux peuples d'Estonie, de Lituanie, de Pologne, de Roumanie, de Yougoslavie, de Chine, d'Indochine, d'Indonésie, d'Italie, d'Allemagne et d'autres endroits du monde témoigne de la validité de cette affirmation."

La presse a récemment publié le cri de Mme Chiang Kai Shek qualifiant l'attitude de la Grande-Bretagne de "faible morale" (en référence à son traitement de la Chine). On rapporte qu'elle a dit :

> "La Grande-Bretagne a troqué l'âme d'une nation pour quelques pièces d'argent… Un jour, ces pièces d'argent porteront intérêt au sang, au labeur, à la sueur et aux larmes des Britanniques sur le champ de bataille de la liberté."

Ce pourrait être le général Sikorski lui-même qui parle, n'est-ce pas ? Dans le même journal, j'ai vu que M. Jackson Martindell, président de l'American Institute of Management, a déclaré que

> "La parole d'un Anglais n'est plus son engagement."

Combien de fois ai-je entendu cela de sources arabes depuis 1939 ? M. Martindell poursuit,

> "Je déteste dire ça, mais la Grande-Bretagne devient pauvre moralement et économiquement."

De la Pologne à la Palestine et à la Chine, ces mots sont répétés, et, disons-le, réitérés par la section juive de ce pays depuis de nombreuses années.

La raison n'est pas loin à chercher. Aucun homme ne peut servir deux maîtres, surtout lorsque les principes et les intérêts de ces deux maîtres sont aussi divergents que ceux de la Grande-Bretagne et de son empire, et des Juifs et de leur empire, l'URSS.

Depuis la chute du gouvernement de M. Chamberlain, les intérêts de l'Empire juif ont progressé aussi prodigieusement que ceux de la Grande-Bretagne et de son Empire ont été éclipsés.

Plus étrange encore, si quelqu'un ose dire la vérité en termes clairs, la seule réponse est une accusation d'antisémitisme. Comme M. Douglas Reed l'a clairement démontré, le terme "antisémitisme" est un non-sens — et comme il le suggère, il pourrait tout aussi bien être appelé "antisémolina".

Les Arabes sont des sémites, et aucun prétendu "antisémite" n'est anti-arabe. Il n'est même pas correct de dire qu'il est anti-juif. Au contraire, il sait mieux que les personnes non informées qu'une bonne partie des Juifs ne sont pas engagés dans cette conspiration.

Le seul terme correct pour le terme impropre "antisémite" est "juif". C'est en effet le seul terme juste et honnête.

L'expression "antisémite" n'est qu'un mot de propagande utilisé pour pousser le public irréfléchi à rejeter tout le sujet de son esprit sans examen : tant que cela sera toléré, ces maux non seulement continueront, mais s'aggraveront.

Les "sages juifs" savent que nous avons en Grande-Bretagne un "Imperium in Imperio" juif qui, malgré toutes les protestations et les camouflages, est juif d'abord et avant tout, et à l'unisson complet avec le reste de la juiverie mondiale. Si quelqu'un en doute, il n'a qu'à lire *Unity in Dispersion*, publié en 1948 par le Congrès juif mondial, qui proclame que les Juifs forment une seule nation.

Tous les Juifs d'ici ne souhaitent pas être entraînés dans cette tyrannie sociale étroite ; mais à moins que ce pays ne leur offre un moyen de s'échapper, ils n'osent pas prendre les risques — des risques très graves — de la défier : ils sont donc obligés de coopérer dans une certaine mesure.

Pire encore, certains Gentils sans excuse valable soutiennent cette force unie, qui est à son tour utilisée pour influencer ou contrôler nos partis politiques, nos politiques intérieures et extérieures, la presse et la vie publique.

Ce front uni impie doit être démasqué et mis en échec. Un premier pas vers cet objectif serait, semble-t-il, une loi empêchant les Esaüs Gentils de prêter leurs mains à l'exécution des ordres émis par la voix des Jacobs juifs.

Une autre : le détachement du Front uni juif des juifs qui ne veulent pas souscrire aux diktats du Congrès juif mondial. Mais avant tout, il est nécessaire d'informer les personnes de bonne volonté sur la vérité de cette affaire, notamment en ce qui concerne l'anatomie réelle, les objectifs et les méthodes de l'ennemi marxiste.

C'est dans ce but que je propose humblement le contenu de ce livre à tous ceux qui sont déterminés à combattre le communisme et ses promoteurs de la juiverie organisée.

DÉCLARATIONS

Déclaration du Capitaine Ramsay de la prison de Brixton au Président et aux membres du Parlement concernant sa détention en vertu du paragraphe 18B du Règlement de la Défense.

Tous les éléments invoqués pour justifier ma détention sont fondés sur des accusations selon lesquelles mon attitude et mes activités d'opposition au communisme, au bolchevisme et à la politique de la juiverie organisée n'étaient pas authentiques, mais servaient simplement de camouflage à des desseins anti-britanniques.

Dans le mémorandum suivant, qui pourrait être largement développé, j'ai donné un minimum de faits, qui prouvent que non seulement mon attitude était authentique, ouverte et constante pendant tout le temps que j'ai passé à la Chambre des Communes, mais qu'au cours de mes recherches j'avais accumulé des faits nombreux et concluants qui justifiaient une telle attitude, et conduisaient logiquement à la formation du Right Club, une organisation essentiellement patriotique.

Pendant toute la durée de mon mandat de député (depuis 1931), j'ai mené une attaque ouverte et sans relâche contre le bolchevisme et ses alliés. En fait, j'avais déjà commencé cette opposition bien avant de devenir député.

L'enquête suivante le montrera, ainsi que la formation du Right Club, qui est l'aboutissement logique de mon travail.

Ce travail se déroule en trois phases.

Au cours de la première, qui va de peu après la révolution russe jusqu'à environ 1935, je supposais que les puissances derrière le bolchevisme étaient russes : dans la deuxième (1935-38), j'ai compris qu'elles étaient internationales : Dans la troisième phase, je me suis rendu compte qu'elles étaient juives.

PHASE I

En phase I, j'ai toujours trouvé mystérieux que les Russes consacrent autant de temps et d'argent aux activités révolutionnaires en Grande-Bretagne.

Ma première démarche active a été de prendre la parole lors de l'élection rendue célèbre par la publication dans le *Daily Mail* de la lettre écrite par Zinoviev alias Apfelbaum, appelant à la révolution en Grande-Bretagne. (J'ai parlé contre le bolchevisme, et dans la division de Northwich).

Après avoir été élu en 1931, j'ai rejoint le Comité commercial russe, qui surveillait leurs activités ici. J'ai également rejoint le Conseil du Mouvement de Protestation Chrétien, fondé pour protester contre les outrages aux prêtres, aux religieuses et aux églises chrétiennes commis par les bolcheviks. Le *hansard* montrera que j'ai posé de nombreuses questions durant cette période, attaquant leurs activités dans ce pays.

PHASE II

Dans la phase II, j'ai reconnu que les forces derrière le bolchevisme n'étaient pas russes, mais internationales.

J'ai essayé de me représenter la composition de ce mystérieux organisme, le Comintern, sur lequel, d'après les réponses à mes questions parlementaires, le gouvernement soviétique ne pouvait exercer aucun contrôle.

Vers la fin de cette phase, j'avais suffisamment progressé dans cette image mentale du Comintern pour en faire le sujet d'un certain nombre de discours que j'ai prononcés devant des Rotary Clubs et d'autres sociétés à Londres, Edimbourg et ailleurs, en les intitulant fréquemment "Red Wings Over Europe".[17]

Cette deuxième phase a duré jusqu'à la guerre civile espagnole. Reconnaissant presque immédiatement la culpabilité du Comintern dans toute l'affaire, jusqu'aux analyses sur les origines des Brigades internationales, je les attaquai continuellement par un flot de questions à la Chambre.

L'attitude de l'ensemble de la presse nationale britannique m'a d'abord étonné, puis a contribué à m'éclairer sur les véritables puissances qui se cachent derrière la Révolution mondiale. La presse présentait les ennemis du général Franco comme des réformateurs libéraux et protestants, au lieu des révolutionnaires

---

[17] Littéralement : « Les ailes rouge sur l'Europe ». Ndt.

internationaux anti-Dieu qu'ils étaient.

Des fonctionnaires de la Tchéka russe étaient en fait chargés des prisons du côté rouge. McGovern a établi tous les faits principaux dans son pamphlet, *Red Terror in Spain*.

À cette époque, j'ai organisé des défilés d'hommes-sandwichs pour dénoncer la culpabilité des bolcheviks en Espagne, j'ai aidé un journal appelé *The Free Press* et j'ai fait la propagande que je pouvais. Quelque quatre-vingt ou quatre-vingt-dix députés ont souscrit à un moment ou à un autre à ces efforts.

En septembre 1937, j'ai accepté la présidence du United Christian Front Committee, au nom de Sir Henry Lunn.

Par la suite, plusieurs milliers de lettres ont été envoyées sous ma signature à des personnalités du Royaume, les informant des faits réels de la guerre en Espagne, et exhortant les chrétiens de toutes les communautés à se joindre à la lutte contre la Terreur rouge impie qui menaçait l'Espagne à l'époque, puis toute l'Europe, y compris la Grande-Bretagne.

Un certain nombre de sociétés patriotiques ont alors commencé à coopérer régulièrement avec moi dans ce travail contre le bolchevisme, notamment la National Citizens' Union, la British Empire League, la Liberty Restoration League et l'Economic League. Nous avons pris l'habitude de nous réunir régulièrement dans une salle de comité de la Chambre des communes.

En mai 1936, lorsque j'ai entrepris de m'opposer à

l'entrée dans ce pays d'agents du Comintern pour avoir participé au congrès dit "sans Dieu", nous avons été rejoints par la British Bible Union, l'Order of the Child et la British Israel World Federation.

D'après les informations que m'ont fournies ces sociétés, je me suis rendu compte que le précédent Congrès des Sans-Dieu, tenu à Prague, avait placé sous un contrôle unifié toutes les sociétés nationales de Libre-Pensée, qui étaient maintenant sous l'autorité des Sans-Dieu militants de Russie, et constituaient donc une arme subtile et puissante pour la propagande bolchevique.

Lors de nos réunions visant à coordonner l'opposition, nous avons tous convenu que si les Britanniques avaient peut-être le droit de tenir un congrès sur n'importe quel sujet, cette liberté ne devait pas être interprétée comme une autorisation pour les révolutionnaires internationaux de développer leurs plans de destruction de la vie religieuse, sociale et publique de notre pays.

Le 28 juin, j'ai donc présenté un projet de loi intitulé ALIENS' RESTRICTION (BLASPHEMY) BILL, pour empêcher les étrangers d'assister à ce Congrès, ou d'en faire l'occasion de la distribution de leur littérature blasphématoire.

Le projet de loi a été adopté en première lecture par 165 voix contre 134. Dans le groupe du non étaient présents MM. Rothschild, G.R. Strauss, T. Levy, A.M. Lyons, Sir F. Harris, D.N. Pritt, W. Gallacher, le Dr Haden Guest et le Dr Summerskill.

À l'automne 1938, j'ai appris que la puissance derrière

la Révolution mondiale n'était pas seulement un vague groupe d'internationalistes, mais la juiverie mondiale organisée.

Le premier document qui m'a convaincu était en fait un livre blanc du gouvernement britannique, dont j'ignorais l'existence auparavant. Ce document citait textuellement un extrait d'un rapport reçu par M. Balfour le 19 septembre 1918, de la part de M. Oudendyke, le ministre néerlandais à Petrograd, qui était à l'époque chargé des intérêts britanniques dans cette ville, comme suit :

> "Le danger est maintenant si grand que je sens qu'il est de mon devoir d'attirer l'attention du gouvernement britannique et de tous les autres gouvernements sur le fait que si l'on ne met pas fin immédiatement au bolchevisme, la civilisation du monde entier sera menacée. Il ne s'agit pas d'une exagération, mais d'une question de fait…
>
> Je considère que la suppression immédiate du bolchevisme est la plus grande question qui se pose au monde, sans même exclure la guerre qui fait encore rage, et si le bolchevisme n'est pas immédiatement étouffé dans l'œuf, comme nous l'avons dit plus haut, il ne manquera pas de se répandre en Europe et dans le monde entier sous une forme ou une autre, car il est organisé et géré par des Juifs, qui n'ont pas de nationalité et dont le seul but est de détruire à leurs propres fins l'ordre de choses existant. La seule façon d'écarter ce danger serait une action collective de la part de toutes les puissances."

Un fait presque aussi remarquable que la citation ci-dessus a été porté à ma connaissance simultanément, à savoir que ce Livre blanc avait été immédiatement retiré et remplacé par une édition abrégée, dont ces passages essentiels avaient été éliminés. On m'a montré les deux Livres blancs, l'original et l'édition abrégée, côte à côte.

Le deuxième document qui a été porté à ma connaissance à cette époque est la brochure intitulée *The Rulers of Russia*, écrite par le Dr Dennis Fahey, C.S.S.P., et portant l'imprimatur de l'archevêque de Dublin, datée du 26 mars 1938. Dans la phrase d'ouverture de ce pamphlet, le Dr Fahey écrit :

> "Dans cette brochure, je présente à mes lecteurs un certain nombre de documents sérieux qui vont dans le sens de la démonstration que les forces réelles derrière le bolchevisme sont des forces juives ; et que le bolchevisme est réellement un instrument entre les mains des Juifs pour l'établissement de leur futur royaume messianique."

Le Dr Fahey présente ensuite un volume intéressant de preuves. À la page 1, il cite également le passage suivant de M. Hilaire Belloc, tiré du journal de ce dernier, daté du 4 février 1937 :

> "Quant à celui qui ne sait pas que le mouvement bolcheviste révolutionnaire actuel en Russie est juif, je ne peux que dire qu'il doit être un homme qui se laisse abuser par la suppression de notre déplorable presse."

Parmi les autres autorités citées dans le pamphlet figurent le Dr Homer, D. Sc., le comte Léon de Poncins dans sa *Contre-Révolution*, et le témoignage donné le 12 février 1919 devant une commission du Sénat des États-Unis par le révérend George A. Simons, surintendant de l'église épiscopale méthodiste à Petrograd de 1907 au 6 octobre

1918.

Le révérend M. Simons a déclaré à cette occasion à propos du gouvernement bolchevique de Petrograd :

> "En décembre 1918… sous la présidence d'un homme connu sous le nom d'Apfelbaum (Zinoviev)… sur 388 membres, seuls 16 se trouvaient être de vrais Russes, et tous les autres (à l'exception d'un homme, qui est un nègre d'Amérique du Nord) étaient des Juifs… et 265 de ces Juifs appartenant à ce gouvernement de la Commune du Nord qui siège dans l'ancien Institut Smolny viennent du Lower East Side de New York — 265 d'entre eux."

À la page 8, le Dr Fahey cite des chiffres montrant qu'en 1936 :

> "Le comité central du parti communiste à Moscou, le centre même du communisme international, se composait de 59 membres, dont 56 étaient juifs, et les trois autres étaient mariés à des juives…"

> "Staline, actuel dirigeant de la Russie, n'est pas juif, mais il a pris pour seconde épouse la sœur de vingt et un ans du juif L.M. Kaganovitch, son bras droit, dont on a parlé comme son successeur probable ou possible. Tous les mouvements de Staline se font sous le regard des Juifs."

En plus de ces documents, je dispose maintenant d'une quantité de preuves concernant les activités juives en Grande-Bretagne sous la forme d'organisations subversives de toutes sortes, anti-religieuses, anti-morales, révolutionnaires, et celles qui travaillent pour établir le système juif de monopole financier et industriel.

C'est ainsi que j'ai fini par être convaincu que les révolutions russe et espagnole, ainsi que les sociétés subversives en Grande-Bretagne, faisaient partie intégrante d'un seul et même plan, opéré et contrôlé secrètement par la juiverie mondiale, exactement selon les principes énoncés dans les *Protocoles des Sages de Sion*, déposés au British Museum en 1906 (qui avaient été reproduits peu après la dernière guerre par le *Morning Post*, et dont ce journal ne s'est jamais remis).

Ces protocoles ne sont pas des faux, et moi et d'autres personnes pourrions fournir des preuves à cet effet qui convaincraient tout tribunal impartial.

Lors de la réunion suivante des sociétés patriotiques et chrétiennes, je me sentis obligé d'aborder la question juive et je me rendis compte, très vite, que les chemins se séparaient. À quelques exceptions près, notre coopération cessa.

Je me suis rendu compte que si l'on voulait faire quelque chose, il fallait former un groupe spécial qui, tout en conservant les caractéristiques essentielles du précédent, se chargerait de s'opposer à la menace juive et de la dénoncer. C'est alors qu'est née l'idée du Right Club, bien que sa formation effective n'ait eu lieu que quelques mois plus tard, en mai 1939.

À partir de l'automne 1938, j'ai passé de nombreuses heures par semaine à discuter de ces sujets avec les députés et les membres du gouvernement.

L'ampleur même des questions en jeu en a rebuté plus d'un. Une réplique particulière illustre bien, dans mon souvenir, ce type d'attitude :

> "Eh bien, tout cela est très troublant, affreux, en fait : mais que peut-on y faire ? Je vais m'en aller maintenant et essayer d'oublier tout cela le plus vite possible."

Vers la fin de l'année 1938, on m'a annoncé que les parts de contrôle du *Daily Mail* étaient à vendre.

Sachant qu'un boycott publicitaire sévère avait été mis en place contre le journal suite à l'impression de deux ou trois articles donnant ce qui, aux yeux des Internationalistes, était une vision pro-franquiste de la guerre d'Espagne (en réalité, la vérité), la nouvelle n'a pas été une grande surprise pour moi.

Pourrais-je trouver un acheteur ? J'ai décidé d'approcher un certain pair très riche et patriote, à la tête d'une grande entreprise. Un ami commun a arrangé un entretien.

Après l'introduction, j'ai donné un aperçu des activités et du pouvoir de la juiverie organisée en général, et de leur contrôle secret de la grande presse en Grande-Bretagne en particulier, tel que je le voyais. Lorsque j'ai terminé après environ 70 minutes, l'accord général sur mes opinions a été exprimé.

Sur ce, l'ami commun et moi-même avons essayé de persuader notre auditeur d'acheter lesdites actions et "d'arracher le bâillon de la conspiration du silence". Il a répondu :

"Je n'ose pas. Ils me réduiraient à une croûte de pain. S'il ne s'agissait que de moi, cela ne me dérangerait pas ; je me battrais contre eux. Mais beaucoup de mes participations sont détenues par la veuve et l'orphelin, et pour leur bien, je dois refuser. "

Lorsque nous avons exprimé notre étonnement que la juiverie puisse infliger des représailles aussi écrasantes à un homme de sa force financière et de sa puissance industrielle, et à une personnalité nationale aussi éminente, il nous a donné des détails sur des représailles de ce genre dirigées contre lui par la juiverie organisée quelques années auparavant.

Il avait refusé de se plier à certaines exigences qu'ils avaient formulées à son égard concernant ses œuvres. Après un dernier avertissement, qu'il avait ignoré, un boycott mondial avait été lancé contre lui, qui était devenu effectif en 24 heures, partout où il avait des agents ou des bureaux. Des incendies et des grèves s'étaient également produits de façon mystérieuse. Les pertes qui en résultaient l'avaient finalement contraint à céder.

En 24 heures, le boycott a été levé dans le monde entier.

La désinformation constante d'éléments importants de la guerre civile espagnole avait profondément impressionné de nombreux députés. Ils pensaient qu'un parti pris si extrême, si universel et si constant, toujours contre Franco, indiquait l'existence d'un plan délibéré, et bien qu'ils ne soient pas disposés à accepter ma thèse, selon laquelle les Juifs exerçaient ce contrôle par divers moyens, et que toute l'affaire faisait partie de leur plan mondial, ils étaient néanmoins nombreux à penser que quelque chose allait très mal quelque part.

Au cours de ces conversations, j'ai obtenu l'appui de députés de tous les partis au projet de loi que je préparais à cet égard.

Le 13 décembre 1938, j'ai présenté le projet de loi intitulé COMPANIES ACT AMENDMENT BILL, qui rendait obligatoire la détention des actions des journaux et des agences de presse aux noms réels des détenteurs, au lieu des noms de prête-noms comme cela se fait actuellement dans la majorité des cas.

Le projet de loi a été adopté en première lecture par 151 voix contre 104. Des membres de tous les partis étaient présents dans le lobby du oui, y compris 13 "Right Hon. Gentlemen" (98 de ces socialistes).

Dans le Lobby du Non se trouvaient MM. Rothschild, Schuster, Shinwell, Cazalet, Gallacher, Sir A. Sinclair, Gluckstein, et M. Samuel Storey, qui s'opposait également au projet de loi, et semblait apte à jouer ce rôle.

Je pris alors la décision de procéder immédiatement à la formation d'un groupe de même nature que le groupe de représentants des sociétés chrétiennes et patriotiques avec lequel j'avais travaillé jusqu'à l'apparition du problème juif, mais cette fois un groupe qui placerait l'opposition à cette menace au premier plan de ses activités.

M. Cross était le secrétaire, et le défunt duc de Wellington, président de la Liberty Restoration League, était le président de la plupart des quelques réunions que nous avons tenues. Le premier objectif du Right Club était d'éclairer le parti conservateur et de le débarrasser de tout contrôle juif.

La juiverie organisée était maintenant clairement prête pour la guerre mondiale. L'échec de leur Brigade Internationale en Espagne, leur exposition croissante et le risque conséquent d'un effondrement total de leur plan rendaient la guerre immédiate impérative de leur point de vue.

En juillet 1939, j'ai eu un entretien avec le Premier ministre. J'ai parlé de la révolution russe et du rôle que les Juifs y avaient joué, de la révolution espagnole, préparée et exécutée sur des bases similaires par les mêmes personnes, des sociétés subversives en Grande-Bretagne, du contrôle de la presse et des informations dans ce pays.

J'ai finalement attiré l'attention du Premier ministre sur le travail souterrain qui se déroulait dans le but de renverser sa politique de paix et lui-même, et de précipiter la guerre.

M. Chamberlain a estimé que des accusations d'une telle gravité et d'une telle portée nécessitaient des preuves documentaires très importantes. J'ai décidé de rassembler des preuves documentaires qui permettraient de prendre des mesures.

Le déclenchement de la guerre permet aux Juifs de donner à leurs activités le manteau du patriotisme. La puissance de leur presse leur permet de dépeindre ceux qui s'opposent à leurs projets et les exposent comme pronazis et déloyaux envers la Grande-Bretagne.

La difficulté à laquelle j'ai été confronté est que, tout en ayant le devoir de mettre en garde le pays contre les conséquences d'une politique influencée par la juiverie organisée et opposée aux intérêts britanniques, je ne voulais pas, en même temps, créer des difficultés pour M. Chamberlain.

Il a donc été décidé que le Right Club devait fermer ses portes pour la durée de son existence. L'esprit du Club a naturellement conduit les jeunes membres à rejoindre les services, où ils ont servi avec distinction sur la plupart des fronts. C'est dans le même esprit que d'autres, non engagés, ont continué à combattre l'ennemi intérieur, non moins redoutable que les puissances de l'Axe et d'une certaine manière plus dangereux, en raison de ses méthodes secrètes et du fait qu'il peut travailler de l'intérieur comme de l'extérieur.

À cette fin, donc, moi et d'autres personnes, à titre individuel, avons diffusé à l'occasion certains de mes tracts intitulés *Do You Know ?* et *Have You Noticed ?* ; mes vers commençant par "Land of dope and Jewry", et quelques autocollants anti-juifs. L'idée était d'éduquer suffisamment le public pour maintenir l'atmosphère dans laquelle la "fausse" guerre, comme on l'appelait, pourrait être convertie en une paix honorable négociée.

Elle n'était certainement pas défaitiste, comme la propagande juive a essayé de le faire croire. Ce n'est pas nous, membres du Right Club, qui nous sommes tenus à l'écart des services de combat dans cette guerre, pas plus que dans la précédente, bien au contraire.

J'étais déterminé à faire de nouveaux efforts pour convaincre M. Chamberlain, et même peut-être le Comité de 1922, de la vérité de mon cas, et ainsi éviter une guerre totale, et j'ai commencé à renforcer les preuves documentaires déjà en ma possession.

En janvier 1940, j'avais les détails de près de trente sociétés subversives travaillant sur diverses lignes révolutionnaires et corrosives, et j'avais complété un très grand tableau, montrant les principaux membres de chacune. Six noms ressortaient clairement, comme une sorte de direction imbriquée. Il s'agissait du professeur H. Laski, de M. Israel Moses Sieff, du professeur Herman Levy, de M. Victor Gollancz, de M. D.N. Pritt, député, et de M. G.R. Strauss, député.

En février 1940, à mon arrivée à Londres, on m'a remis la documentation d'un nouveau groupe, qui prônait l'UNION FÉDÉRALE. La liste des noms des partisans était étonnante. Elle aurait pu être copiée du tableau que je venais de remplir. Il ne pouvait y avoir aucune erreur quant à la source de ce projet. Plus tard, lorsque ce groupe est devenu actif, j'ai posé les questions suivantes :

> Le **capitaine Ramsay** demande au Premier ministre s'il peut assurer à la Chambre que la création d'une Union fédérale des États européens n'est pas l'un des buts de guerre du gouvernement de Sa Majesté.

M. Butler (le 9 mai) a donné une réponse non contraignante. À cette réponse, j'ai demandé le complément suivant :

Capitaine Ramsey : Mon très honorable ami sait-il que ce plan, s'il est adopté, suscitera l'hostilité contre nous de presque toute l'Europe, qui y voit l'instauration d'un super-État judéo-maçonnique ?[18]

M. Butler : Je préfère laisser l'interprétation de ce plan à mon honorable ami.

Une campagne de presse virulente battait son plein pour supprimer les opinions et les activités "antisémites" en déclarant que l'"antisémitisme" était pro-nazi. Craignant que le ministre de l'Intérieur ne soit moins enclin à prendre cette direction, qui était une fausse direction, je lui ai posé la question le 9 mai 1940 :

Capitaine Ramsay : Peut-il donner l'assurance que l'on veillera, tant dans l'administration des règlements actuels que dans l'élaboration des règlements révisés, à faire une distinction entre l'antisémitisme et le pronazisme ?

Sir J. Anderson : J'espère que toute mesure restrictive appliquée à la propagande organisée pourra, dans la pratique, être limitée à la propagande qui est calculée pour entraver l'effort de guerre ; et de ce point de vue, je ne peux pas reconnaître comme pertinente la distinction

---

[18] *Les Protocoles des Sages de Sion* indiquent clairement que la juiverie mondiale et la maçonnerie du Grand Orient mettront en place un tel régime après que les États Gentils auront été réduits par la guerre et les révolutions à une sorte de tiers-monde totalement sous leur dépendance.

que mon honorable et galant ami cherche à établir. De ce point de vue, je ne peux pas reconnaître comme pertinente la distinction que mon honorable et galant ami cherche à établir.

Capitaine Ramsay : Tout en pensant à mon très honorable ami pour sa réponse, étant donné qu'il semble quelque peu confus sur ce point, peut-il assurer la Chambre qu'il refuse d'être poussé à identifier les deux choses par une rampe dans notre presse juive ?

Sir J. Anderson : Il n'est pas question que je sois poussé à faire quoi que ce soit.

C'est au cours des dernières semaines de la présidence de M. Chamberlain que j'ai pu examiner certains des documents de l'ambassade des États-Unis dans l'appartement de M. Kent. C'était alors la position, et ce sont les considérations qui m'ont conduit à les inspecter.

1. Comme de nombreux membres des deux Chambres du Parlement, j'étais pleinement conscient que, parmi les agences, ici et à l'étranger, qui s'étaient activement engagées à promouvoir l'antagonisme entre la Grande-Bretagne et l'Allemagne, la juiverie organisée, pour des raisons évidentes, avait joué un rôle de premier plan.
2. Je savais que les États-Unis étaient le siège de la juiverie, et donc le centre réel, bien que non apparent, de leur activité.
3. Je savais que l'Union Fédérale était le complément dans les affaires internationales du plan de la Planification Politique et Economique (P.E.P.). Le président de la P.E.P. est M. Israel Moses Sieff, qui

est également vice-président de la Fédération sioniste et Grand Commandeur de l'Ordre des Maccabées) conçu pour amener le bolchevisme à la dérobée dans la sphère de l'industrie et du commerce, et qu'il doit être considéré comme le Super-État, qui est l'un des principaux objectifs de la juiverie internationale.
4. J'ai reconnu que les plans pour établir le socialisme marxiste sous contrôle juif dans ce pays étaient très avancés. Quant à leurs intentions, il ne pouvait y avoir aucun doute.
5. Je savais que la technique de la juiverie internationale consiste toujours à planifier le renversement, à des moments critiques, de tout dirigeant national qui s'oppose sérieusement à une partie essentielle de ses desseins, comme l'avait fait, par exemple, M. Chamberlain en adhérant à sa politique de pacification, et que, dans ce cas, la chute de M. Chamberlain précipiterait la guerre totale. Je me suis souvenu que M. Lloyd George avait déclaré à la Chambre des communes que si nous nous engagions dans une guerre contre la Pologne sans l'aide de la Russie, nous tomberions dans un piège. Nous sommes tombés dans ce piège.

Des informations supplémentaires sur son origine, sa conception et son objectif final auraient renforcé la position de M. Chamberlain et lui auraient permis de prendre les contre-mesures appropriées. En tant que membre du Parlement, toujours fidèle à M. Chamberlain, j'ai considéré qu'il était de mon devoir d'enquêter.

Vers le 9 ou le 10 mai, je suis parti en Écosse pour un repos de quinze jours, n'ayant vu qu'une partie des documents, et ayant l'intention de reprendre mes investigations à mon retour. Mais avant que je ne puisse les conclure, M. Chamberlain avait quitté ses fonctions, et j'ai été arrêté quelques jours plus tard sur les marches de ma maison, à mon retour à Londres le 23 mai 1940.

J'y joins les détails, prétendument les raisons de ma détention, et mes commentaires à ce sujet.

Prison de Brixton, 23 août 1943

(Signé) ARCHIBALD RAMSAY.

PARTICULARITÉS ALLÉGUÉES COMME RAISONS DE MA DÉTENTION

Suit ici une copie des Particularités, qui ont été alléguées comme étant des motifs raisonnables pour ma détention pendant les trois dernières années.

On verra que le fondement de chacune d'elles est que mon opposition au communisme, au bolchevisme et à la juiverie mondiale n'était qu'une imposture ; une ruse déloyale, en fait, adoptée pour masquer les activités anti-britanniques en relation avec la guerre.

Quiconque connaît les activités de la Chambre des Communes est plus ou moins familier avec les activités anti-bolcheviques que j'ai menées ouvertement et avec constance tout au long de mon mandat à la Chambre, depuis 1931, et qui sont devenues antijuives en 1938, lorsque j'ai réalisé que le bolchevisme était juif et faisait partie intégrante de leur plan mondial.

L'auteur de ces Particularités balaie d'un revers de main l'ensemble de ces huit années d'expérience, et se met à fabriquer et à réitérer un nouveau but déloyal, pour lequel il n'offre pas la moindre preuve.

Comité consultatif du Home Office
(Règlement de défense 18B) Londres, W.1.
Téléphone : Regent 4784 Réf. :... R4...

24 juin 1940

MOTIFS DE L'ORDONNANCE RENDUE EN VERTU DE LA REGLEMENTATION 18B DE LA DEFENSE DANS LE CAS DU CAPITAINE ARCHIBALD MAULE RAMSAY, M.P.

L'ordonnance prévue par le règlement de défense 18B a été prise à l'encontre du capitaine Archibald Maule Ramsay, M.P. parce que le secrétaire d'État avait des motifs raisonnables de croire que ledit capitaine Archibald Maule RAMSAY, M.P. avait été récemment impliqué dans des actes préjudiciables à la sécurité publique ou à la défense du royaume, ou dans la préparation ou l'instigation de tels actes, et qu'il était donc nécessaire d'exercer un contrôle sur lui.[19]

---

[19] Notez qu'UNE personne, avait "une cause raisonnable de croire", et en vertu de cette clause, le capitaine Ramsay a été emprisonné pendant deux ans et demi. Ce langage exact est aujourd'hui codifié dans le code pénal américain. Qui, selon vous, "rédige les propositions de loi" pour que le Congrès américain les approuve ? Et n'oubliez pas que le Patriot Act des États-Unis ainsi que le "nouveau" département de la sécurité intérieure étaient en attente de l'acte génocidaire du WTC du 11 septembre 2001 (connu maintenant sous le nom de 911), planifié par les mêmes créatures et mis en œuvre par — qui sait qui ? Leurs "larbins" et "laquais" et ceux qui sont condamnés à un enfer qu'ils ont eux-mêmes créé.

PARTICULARITÉS

Ledit capitaine Archibald Maule RAMSAY, député.

Particularité (I) : En ou vers le mois de mai 1939, a formé une organisation sous le nom de "Right Club", qui a ostensiblement dirigé ses activités contre les Juifs, les francs-maçons et les communistes. Cette organisation, en réalité, était conçue secrètement pour répandre des opinions subversives et défaitistes parmi la population civile de Grande-Bretagne, pour entraver l'effort de guerre de la Grande-Bretagne, et ainsi mettre en danger la sécurité publique et la défense du Royaume.

Réponse

La formation du Right Club, comme le montre le mémorandum ci-joint, était l'aboutissement logique de nombreuses années de travail contre le bolchevisme, mené à la fois à l'intérieur et à l'extérieur de la Chambre des Communes, et bien connu de tous mes collègues politiques depuis 1931.

L'objectif principal du Right Club était de s'opposer aux activités de la juiverie organisée et de les exposer, à la lumière des preuves qui sont entrées en ma possession en 1938, dont certaines sont mentionnées dans le mémorandum.

Notre premier objectif était de débarrasser le Parti conservateur de l'influence juive, et le caractère de nos membres et de nos réunions était strictement conforme à cet objectif. Il n'y avait pas d'autres objectifs ni de buts secrets.

Notre espoir était d'éviter la guerre, que nous considérions comme étant principalement l'œuvre d'une intrigue juive centrée sur New York. Plus tard, moi et beaucoup d'autres avons espéré transformer la "fausse" guerre en, non pas une guerre totale, mais une paix honorable négociée.

Il est difficile d'imaginer un corps de personnes moins capable d'être "subversif" que ne le suggère ce Particulier, et le fait de coupler cette accusation avec celle d'être "défaitiste" place l'ensemble de ce Particulier dans le domaine du ridicule.

Particularité (II) : Dans la poursuite des objectifs réels de l'Organisation, ledit RAMSAY a permis que les noms des membres de l'Organisation ne soient connus que de lui-même, et a pris de grandes précautions pour que le registre des membres ne quitte pas sa possession ou son contrôle ; il a déclaré avoir pris des mesures pour tromper la police et la Direction des renseignements du War Office quant aux activités réelles de l'Organisation. Ces mesures ont été prises pour empêcher que les véritables objectifs de l'Organisation soient connus.

Réponse

Les objets réels du Right Club étant les objets déclarés, et aucun autre objet n'existant, la dernière partie de ce Particular est une pure invention.

Il n'y avait qu'un seul point sur lequel nos objectifs différaient de ceux de la police et de la M. I., à savoir la question juive.

Ni la police ni la M. I. n'ont reconnu la menace juive. Ni l'une ni l'autre n'avait de mécanisme pour y faire face, ou pour retenir des informations des membres juifs de leur personnel.

Si les noms des membres du Club avaient été mis à la disposition de l'un ou l'autre de ces départements, les membres juifs s'en seraient emparés et les auraient rapportés aux services auxquels de nombreux membres souhaitaient qu'ils ne soient pas communiqués.

Particularité (III) : À fréquemment exprimé sa sympathie pour la politique et les objectifs du gouvernement allemand ; et a parfois exprimé son désir de coopérer avec le gouvernement allemand dans la conquête et le gouvernement ultérieur de la Grande-Bretagne.

Réponse

La seconde moitié de ce Particular est une invention si grotesque que je me propose de la traiter avec le mépris qu'elle mérite.

Lord Marley a brodé cette fiction quelques jours après mon arrestation, insinuant que j'avais entrepris d'être Gauleiter d'Écosse sous une occupation allemande de la Grande-Bretagne.

Mes avocats l'ont immédiatement invité à répéter ses remarques à l'extérieur. Inutile de dire qu'il ne l'a pas fait, car il n'y a pas l'ombre d'une justification pour ce particulier ou ses calomnies.

L'expression "sympathie avec la politique et les objectifs du gouvernement allemand" est trompeuse à la limite de la malhonnêteté. Elle suggère un accord ou une compréhension générale.

Rien de tel n'existait.

Je n'ai jamais été en Allemagne et, à part un déjeuner officiel à leur ambassade, je ne connaissais aucun Allemand. Le peu que j'avais appris sur le système nazi ne me plaisait pas.

Je n'ai jamais approuvé l'idée de la formation de mouvements sur des lignes lointainement similaires en Grande-Bretagne. Au contraire, je l'ai désapprouvée. Mon opinion était que le parti unioniste, une fois éclairé, était le corps le plus apte à prendre les contre-mesures nécessaires au plan juif, et que pour le faire avec succès, il n'avait même pas besoin d'aller au-delà des pouvoirs latents dans notre Constitution.

D'une manière générale, mes vues concernant les aspirations allemandes coïncidaient exactement avec celles exprimées par Lord Lothian dans son discours à Chatham House le 29 juin 1937, lorsqu'il a dit :

> "Or, si le principe de l'autodétermination était appliqué en faveur de l'Allemagne de la manière dont il a été appliqué contre elle, cela signifierait le retour de l'Autriche en Allemagne, l'union des Sudètes, de Dantzig et éventuellement de Memel avec l'Allemagne, et certains ajustements avec la Pologne en Silésie et dans le Corridor."

Le seul aspect de la politique nazie qui entrait en contact de façon particulière avec mes vues était l'opposition aux activités perturbatrices de la juiverie organisée. Aucun patriote — britannique, français, allemand ou de toute autre nationalité — n'est justifié d'abandonner la défense de son pays à cet assaut, une fois qu'il a reconnu sa réalité.

Confondre la sympathie sur ce seul et loyal point avec la sympathie pour l'ensemble de la politique et des objectifs nazis est malhonnête ; développer ce sophisme en une accusation de préférer ce système au nôtre, et d'être prêt à imposer ce système (que je désapprouve) à mon propre pays, est le dernier mot de l'infamie.

Particularité (IV) : Après la création de l'Organisation, s'est efforcé, au nom de l'Organisation, d'introduire des membres de l'Organisation au Foreign Office, à la Censure, à la Direction des renseignements du War Office et dans les ministères, afin de promouvoir les véritables objectifs de l'Organisation tels qu'ils sont définis au point (I) ci-dessus.

Réponse

Encore une fois, nous avons ici la fabrication de l'accusation totalement injustifiable d'un but secret et déloyal, déjà traitée dans le point particulier (I), et dans mon mémorandum.

En ce qui concerne la question des membres du Right Club et des bureaux du gouvernement, je dirais ceci :

L'objectif du Club étant de diffuser aussi rapidement que

possible la vérité sur le danger juif, le temps a toujours été un facteur vital. Dès le début, nous étions dans une course avec les propagandistes juifs.

Les contrer dans le plus grand nombre possible de sphères différentes était évidemment la méthode la plus rapide. Dix membres dans dix sphères différentes diffuseraient nos informations plus largement et plus rapidement que dix membres dans le même bureau ou le même club.

Chaque groupe politique doit suivre ces lignes ; cette méthode est la pratique commune de tous les partis politiques.

À aucun moment je n'ai fait d'effort pour obtenir un emploi dans un bureau du gouvernement.

Si un membre avait le choix entre deux emplois, sans se soucier de celui qu'il prenait, et qu'il me posait la question, j'aurais clairement répondu qu'en ce qui concerne le Club, il fallait choisir la sphère dans laquelle nous n'avions aucun membre pour prêcher l'évangile.

Pour que les connaissances parviennent à des endroits tels que le ministère des Affaires étrangères, le ministère de la Guerre, etc., il est évident que les personnes influentes seront éclairées le plus rapidement possible.

Particularité (v) : Après le début de la guerre, il s'est associé et a utilisé des personnes dont il savait qu'elles étaient actives dans l'opposition aux intérêts de la Grande-Bretagne. Parmi ces personnes se trouvaient Anna Wolkoff et Tyler Kent, un codificateur employé à l'ambassade des États-Unis d'Amérique. En connaissance des activités dans lesquelles Wolkoff et Kent étaient engagés, il a continué à les fréquenter et à utiliser leurs activités pour le compte du "Right Club" et pour lui-même. En particulier, sachant que Kent avait soustrait d'importants documents, propriété de l'ambassade des États-Unis d'Amérique, il s'est rendu dans l'appartement de Kent au 47, Gloucester Place, où étaient conservés un grand nombre desdits documents, et les a inspectés à ses propres fins. Il a en outre déposé auprès dudit Kent le registre secret des membres du "Right Club", dont Kent était devenu un membre important, afin d'essayer de garder secrète la nature de l'Organisation.

Réponse

À aucun moment de ma vie, je ne me suis associé à des personnes dont je savais qu'elles s'opposaient aux intérêts de la Grande-Bretagne. Au contraire, tout mon parcours prouve que j'ai consacré plus de temps et de peine que la plupart des gens à combattre ces personnes.

Je ne savais certainement pas, et ne sais toujours pas, que M. Kent ou Mlle Wolkoff étaient engagés dans des activités calculées ou susceptibles de nuire aux intérêts de la Grande-Bretagne.

D'après ma propre connaissance d'eux deux, et les conversations que j'ai eues pendant cette période, je sais qu'ils ont tous deux reconnu que les activités de la juiverie organisée étaient l'une des forces les plus néfastes en politique en général, et l'une des plus dangereuses pour les intérêts de la Grande-Bretagne en particulier.

Toutes leurs actions auront été destinées à contrer ces puissances et leurs desseins, et certainement pas à quoi que ce soit qui puisse nuire aux intérêts de la Grande-Bretagne.

En ce qui me concerne, je tiens à ajouter ici de la manière la plus catégorique, compte tenu de diverses allégations mensongères à ce sujet qui sont parvenues à mes oreilles depuis, que je n'ai jamais, et ne pourrais évidemment jamais envisager de communiquer des informations à des quartiers ennemis.

Ayant des raisons de croire que les intrigues de l'Internationale juive visant à provoquer une guerre totale partaient de New York, et sachant que des activités étaient menées pour saboter la politique de pacification de M. Chamberlain et provoquer son renversement, il était de mon devoir évident en tant que membre du Parlement, et toujours loyal à M. Chamberlain, de faire toute enquête que je pouvais.

J'ai déposé le Livre Rouge des noms des membres du Right Club à l'appartement de M. Kent pour la période de mon absence de Londres seulement après avoir entendu parler de plusieurs personnes qui avaient vu leurs papiers (traitant du même genre de sujets que les miens) saccagés par des personnes inconnues en leur absence.

Comme je l'ai déjà dit, j'avais donné l'assurance explicite de la confidentialité à certaines des personnes dont les noms y étaient inscrits. Si leurs noms étaient tombés entre les mains de la police secrète britannique, qui est composée de juifs, leur attitude vis-à-vis de la menace juive aurait été connue immédiatement dans les quartiers mêmes dont ils ont tenu à se tenir à l'écart, à savoir les quartiers juifs.

Le cambriolage politique n'est pas une nouveauté dans ce pays, lorsqu'on est soupçonné de posséder des informations relatives aux activités de la juiverie organisée.

Lord Craigmyle, lorsqu'il était Lord d'appel, a vu sa maison entière saccagée, chaque tiroir ouvert et chaque papier fouillé sans que rien ne soit volé, à une époque où il était raisonnable de supposer que ses papiers contenaient de tels éléments.

Le lieutenant en chef de la police d'Édimbourg a déclaré à l'époque qu'il s'agissait d'un "cambriolage politique" ; les auteurs n'ont jamais été retrouvés. (Voir la lettre de Lord Craigmyle, datée du 6 juillet 1920, intitulée "Édimbourg et la liberté" et publiée dans les *Lettres à Israël*).

Particularité (VI) : À permis et autorisé sa femme à agir en son nom en s'associant et en faisant appel à des personnes dont il savait qu'elles étaient actives dans l'opposition aux intérêts de la Grande-Bretagne. Parmi ces personnes figurent Anna Wolkoff, Tyler Kent et Mme Christabel Nicholson.

Réponse

Il n'y a aucune vérité dans ce particulier, et je me propose de le traiter avec le mépris qu'il mérite.

Il va sans dire que le comité consultatif du ministère de l'Intérieur n'a produit aucune preuve à l'appui des calomnies contenues dans l'un ou l'autre des documents susmentionnés.

CONCLUSION

Je soumets cette déclaration, ainsi que les commentaires sur les Particularités, non pas dans mon propre intérêt, mais pour éclairer le pays.

Lorsque les choses atteignent un stade où un juge d'appel, dont les papiers sont suspectés d'être liés au plan de la juiverie organisée, peut être "politiquement cambriolé" ;

Lorsqu'un livre blanc contenant des passages vitaux sur le bolchevisme mondial juif peut être immédiatement retiré, et réimprimé en omettant les passages vitaux ;

Lorsqu'un grand industriel britannique peut être soumis au chantage de la juiverie organisée et contraint à la soumission par le boycott, les grèves, les actes de sabotage et les incendies criminels ;

Lorsqu'un membre du Parlement, qui ose essayer de mettre en garde le pays contre cette menace de la juiverie organisée et de ses auxiliaires (la seule cinquième colonne qui existe réellement dans ce pays), est emprisonné pendant trois ans sur la base de fausses accusations ;

Lorsque de telles choses peuvent se produire en Grande-Bretagne, il y a sûrement quelque chose qui ne va pas quelque part.

À l'heure où la Grande-Bretagne et l'Empire sont engagés dans une lutte à mort, il ne peut y avoir de place pour les enseignements et activités immondes que j'ai évoqués.

Alors que nos marins, soldats et aviateurs remportent des victoires sur les ennemis extérieurs, il est certainement du devoir de chaque patriote de combattre cet ennemi intérieur chez lui.

Le Premier ministre, dans son discours à la Mansion House, a déclaré qu'il n'était pas devenu le Premier ministre du Roi pour présider à la liquidation de l'Empire britannique.

Il y a plus d'une façon d'envisager la liquidation de l'Empire britannique aujourd'hui ; et le Libérateur national qui est déterminé à les contrer toutes n'aura pas seulement besoin du plus grand soutien de tous les patriotes, mais je crois qu'il sera prouvé que ses difficultés les plus redoutables émaneront justement de ces puissances auxquelles moi-même et d'autres membres du Right Club nous sommes efforcés de nous opposer et de les exposer.

LES STATUTS DE LA JUIVERIE

Les Estatutz de la Jeuerie 1275 [A.D.]
Extrait des Statuts du Royaume.
Vol. 1, page 221.

LES STATUTS DE LA JUIVERIE[20]

L'usure interdite aux Juifs

Le roi a remarqué que divers maux et la déshérence des hommes de bien de son pays se sont produits de par les usuriers Juifs dans le passé, et que divers péchés en ont découlé, bien que lui et ses ancêtres aient reçu beaucoup de bienfaits du peuple juif dans tous les temps passés, néanmoins, pour l'honneur de Dieu et le bénéfice commun du peuple, le roi a ordonné et établi que, dorénavant, aucun Juif ne prêtera quoi que ce soit à

---

[20] Le Parlement qui vota ce statut comprenait des représentants des Communes, et ce fut probablement le premier statut dans la promulgation duquel les Communes eurent une part quelconque. Il est significatif que la première preuve des sentiments et des souhaits des roturiers se soit exprimée sous une forme telle que ces Statuts de la juiverie, face au fait, clairement évident dans le texte, que les rois devaient beaucoup aux activités juives, qu'ils demandaient régulièrement de l'argent aux juifs et qu'ils leur permettaient à leur tour de se faire rembourser par le peuple.

usure, soit sur des terres, soit sur un loyer, soit sur autre chose.

Et qu'il n'y aura pas d'usure dans le temps à partir de la dernière fête de la Saint Edouard. Nonobstant les engagements pris précédemment seront observés, sauf que les prêts à usure cesseront. Mais tous ceux qui auront des dettes envers des Juifs sur gage de biens meubles devront les acquitter entre aujourd'hui et Pâques, sinon ils seront confisqués. Et si un juif prête à usure contrairement à la présente ordonnance, le roi ne prêtera pas son concours, ni par lui-même ni par ses officiers, pour le recouvrement de son prêt ; mais il le punira à son gré pour l'infraction et rendra justice au chrétien pour qu'il puisse obtenir de nouveau ses gages.

Détresse des Juifs

Et que la saisie pour les dettes dues aux juifs ne sera pas dorénavant si grave que la partie des terres et des biens meubles des chrétiens restera pour leur entretien ; et qu'aucune saisie ne sera faite pour une dette juive sur l'héritier du débiteur nommé dans l'acte du juif, ni sur aucune autre personne détenant la terre qui appartenait au débiteur avant que la dette ne soit mise en procès et accordée en cour.

Évaluation des terres prises pour la dette d'un Juif

Et si le shérif ou autre bailli, par ordre du Roi, doit donner des Saisin (possession) à un Juif, qu'il s'agisse d'un ou de plusieurs, pour leur dette, les chatels seront évalués par les serments d'hommes de bien et seront livrés au Juif ou aux Juifs ou à leur mandataire pour le montant de la dette ; et si les biens meubles ne suffisent pas, les terres seront étendues par le même serment avant la remise du Saisin au Juif ou aux Juifs, à chacun dans la proportion qui lui est due, de sorte que l'on puisse savoir avec certitude que la dette est acquittée, et que le Chrétien puisse récupérer sa terre ; en disant toujours au Chrétien la partie de sa terre et de ses biens meubles pour l'entretien comme indiqué ci-dessus, et le manoir principal.

Garantie aux Juifs :

Et si un meuble est trouvé par la suite en possession d'un Juif, et que quelqu'un le poursuive en justice, le Juif aura droit à sa garantie, s'il peut l'avoir ; sinon, qu'il réponde de manière à ce qu'il n'y soit pas autrement privilégié qu'un chrétien.

Demeure des Juifs

Et que tous les Juifs habiteront dans les villes et bourgs du Roi, où les coffres des chirographes des Juifs ont coutume d'être.

Leur badge

Et que chaque Juif, après qu'il aura atteint l'âge de sept ans, portera un insigne sur son vêtement de dessus, c'est-à-dire en forme de deux tables jointes de feutre jaune, de la longueur de six pouces et de la largeur de trois pouces.

Leur taxe

Et que chacun, après qu'il aura atteint l'âge de douze ans,

paye trois pence par an, à Pâques, d'impôt au Roi dont il est l'obligé, et cela aussi bien pour une femme que pour un homme.

Transfert de terres, etc., par des Juifs

Et qu'aucun Juif n'aura le pouvoir d'inféoder (prendre possession) à un autre Juif ou Chrétien des maisons, loyers ou tènements qu'il possède actuellement, ni d'aliéner de quelque autre manière, ni de faire acquitter à un Chrétien sa dette sans la licence spéciale du Roi, jusqu'à ce que le Roi en ait décidé autrement.

Privilèges des Juifs

Et comme c'est la volonté et la tolérance de la Sainte Église qu'ils vivent et soient préservés, le Roi les prend sous sa protection, et leur accorde sa paix ; et veut qu'ils soient préservés et défendus en toute sécurité par ses shérifs et autres baillis et par ses hommes de confiance, et ordonne que personne ne leur fasse de mal ou de dommage ou de tort dans leur corps ou dans leurs biens, meubles ou immeubles, et qu'ils ne puissent ni plaider ni être mis en cause dans aucun tribunal ni être contestés ou troublés dans aucun tribunal sauf dans le tribunal du Roi dont ils sont les obligés ; et qu'aucun d'eux ne devra obéissance, service ou loyer, sauf au Roi ou à ses baillis en son nom, à moins que ce ne soit pour le logement qu'ils occupent actuellement en payant un loyer, sauf le droit de la Sainte Église.

Relations entre juifs et chrétiens

Et le Roi leur accorde qu'ils puissent gagner leur vie par

des marchandises licites et par leur travail, et qu'ils puissent avoir des rapports avec des chrétiens pour faire du commerce licite en vendant et en achetant. Mais qu'aucun chrétien, pour cette raison ou pour toute autre, ne pourra habiter parmi eux. Et le Roi veut qu'ils ne soient pas, à cause de leurs marchandises, soumis au sort et à la suie ni à l'impôt avec les hommes des villes et bourgs où ils demeurent, car ils sont imposables au Roi comme ses obligés et à nul autre que le Roi.

Maisons d'habitation et fermes, etc.

De plus, le Roi leur accorde qu'ils pourront acheter des maisons et des châteaux dans les villes et bourgs où ils résident, de sorte qu'ils les tiennent en chef du Roi, en réservant aux seigneurs du droit leurs services dus et habituels. Et qu'ils pourront prendre et acheter des fermes ou des terres pour une durée de dix ans ou moins sans recevoir d'hommages ou de féodalités ou d'autres sortes d'obéissance de la part des chrétiens et sans avoir d'avoués d'églises, et qu'ils pourront gagner leur vie dans le monde, s'ils n'ont pas les moyens de faire du commerce ou ne peuvent pas travailler ; et cette licence de prendre des terres pour les cultiver leur durera quinze ans à partir de ce moment.

HISTORIQUE DE LA PRÉSENCE DES JUIFS EN GRANDE-BRETAGNE

1215 — Magna Carta

1255 — Meurtre rituel de St Hugh de Lincoln. Henri III ordonne personnellement un procès et 18 coupables sont exécutés — tous juifs.

1275 — Le Statut des Juifs est adopté ; il limite les Juifs à certaines régions, leur interdit l'usure, la propriété des terres et le contact avec le peuple ; il les oblige à porter un insigne jaune.

1290 — Édouard Ier bannit les Juifs d'Angleterre.

1657 — Oliver Cromwell, ayant été financé par Manasseh Ben Israël et Moïse Carvajal, permet aux Juifs de revenir en Angleterre, bien que l'ordre de bannissement n'ait jamais été annulé par le Parlement.[21]

---

[21] Et il a été affirmé que les Juifs n'ont jamais vraiment quitté l'Angleterre, mais sont simplement entrés dans la clandestinité jusqu'à l'assassinat du roi. C'est certainement plus plausible que de penser que tous les Juifs ont quitté le pays. D'autant plus que Cromwell était un pion des Juifs, et non l'homme-lige du roi.

1689 — Les Juifs d'Amsterdam financent la rébellion contre le roi Jacques II. Le principal d'entre eux — Solomon Medina — suit Guillaume d'Orange en Angleterre.

1694 — La Banque d'Angleterre est créée et la dette nationale instituée, garantissant aux prêteurs juifs une première charge sur les impôts d'Angleterre pour les intérêts de leurs prêts. Le droit d'imprimer de la monnaie est transféré de la Couronne à cette "Banque d'Angleterre".

1707 — L'union économique et politique est imposée à l'Écosse contre le vote de tous les pays et de tous les arrondissements ; la dette nationale est imposée à l'Écosse et la Monnaie royale d'Édimbourg est supprimée.

PROPOS D'HOMMES CÉLÈBRES SUR LES JUIFS

Sénèque B.C. 4 à A.D. 5

"Les coutumes de ce peuple maudit sont devenues si fortes qu'elles se sont répandues dans tous les pays."

St Justin 116 A.D.

"Les juifs étaient derrière toutes les persécutions des chrétiens. Ils erraient partout dans le pays, haïssant et sapant la foi chrétienne."

Mohammed 570.

"Je ne comprends pas pourquoi on n'a pas depuis longtemps expulsé ces bêtes qui respirent la mort… ces Juifs sont-ils autre chose que des dévoreurs d'hommes ?".

Martin Luther 1483.

"Comme les Juifs aiment le livre d'Esther, qui convient si bien à leur appétit et à leur espoir sanguinaire, vengeur et meurtrier. Le soleil n'a jamais brillé sur un peuple aussi sanguinaire et vindicatif, qui caresse l'idée d'assassiner et d'étrangler les Gentils. Aucun autre homme sous le soleil n'est plus avide qu'eux, et il le sera toujours, comme on peut le constater par leur maudite usure. Ils se consolent en pensant que lorsque leur Messie viendra, il rassemblera tout l'or et l'argent du monde et le répartira entre eux."

Clément VIII Pape 1592.

"Le monde entier souffre de l'usure des juifs, de leurs monopoles et de leurs tromperies. Ils ont plongé de nombreux peuples malheureux dans un état de pauvreté, en particulier les agriculteurs, les ouvriers et les très pauvres."

Voltaire 1694.

"Les Juifs ne sont qu'un peuple ignorant et barbare, qui a depuis longtemps combiné l'avarice la plus détestable avec la superstition la plus abominable et la haine inextinguible de tous les peuples au milieu desquels ils sont tolérés, et par lesquels ils s'enrichissent."

Napoléon

"J'ai décidé d'améliorer les Juifs : mais je n'en veux plus dans mon Royaume : en effet, j'ai tout fait pour prouver mon mépris de la plus vile nation du monde."

Benjamin Franklin 1789.

Déclaration à la Convention, concernant l'immigration juive :

"Il existe un grand danger pour les États-Unis d'Amérique, ce grand danger, c'est le Juif. Messieurs, dans tous les pays où les Juifs se sont installés, ils ont abaissé le niveau moral et réduit le degré d'honnêteté commerciale.

Ils sont restés à part et non assimilés — ils ont créé un État dans l'État, et lorsqu'on s'y oppose, ils tentent d'étrangler financièrement la nation, comme dans le cas du Portugal et de l'Espagne.

Pendant plus de 1700 ans, ils ont déploré leur triste sort — à savoir qu'ils ont été chassés de leur patrie, mais messieurs, si le monde civilisé d'aujourd'hui leur rendait la Palestine et leurs biens, ils trouveraient immédiatement des raisons pressantes de ne pas y retourner. Pourquoi ? Parce que ce sont des vampires — ils ne peuvent pas vivre entre eux ; ils doivent vivre parmi les chrétiens et les autres qui n'appartiennent pas à leur race.

S'ils ne sont pas exclus des États-Unis par la Constitution, dans moins de 100 ans, ils afflueront dans ce pays en si grand nombre qu'ils nous gouverneront, nous détruiront et changeront notre forme de gouvernement pour laquelle nous, Américains, avons versé notre sang et sacrifié notre vie, nos biens et notre liberté personnelle.

Si les Juifs ne sont pas exclus, d'ici 200 ans, nos enfants travailleront dans les champs pour nourrir les Juifs tandis qu'eux resteront dans la salle des comptes en se frottant joyeusement les mains.

Je vous préviens, messieurs, si vous n'excluez pas les Juifs pour toujours, les enfants de vos enfants vous maudiront sur vos tombes.

Leurs idées ne sont pas celles des Américains, même s'ils vivent parmi nous depuis dix générations. Le léopard ne peut pas changer ses taches. Les Juifs sont un danger pour ce pays et s'ils sont autorisés à entrer, ils mettront en péril nos institutions — ils devraient être exclus par la Constitution."

COPIE DU DÉPLIANT CONÇU PAR L'AUTEUR APRÈS L'ACCORD DE MUNICH

Savez-vous que…

M. CHAMBERLAIN a été brûlé en effigie à Moscou dès que l'on a su qu'il avait obtenu la paix, ce qui montre très clairement QUI VOULAIT LA GUERRE et qui travaille encore sans cesse à attiser les conflits dans le monde entier ?

Publié par les MILITANT CHRISTIAN PATRIOTS, 93 Chancery Lane, W.C.1 (Holborn 2137), et imprimé par W. Whitehead, 22 Lisle st. W.C.2

Le gag officiel Réimpression de *Free Britain* juin 1954

LE GAG OFFICIEL

Lord Jowitt, soit avec un désir tardif de rendre justice au Capitaine Ramsay, soit maintenant prudent de répéter les fabrications du passé, a admis dans ses mémoires des procès de guerre, publiés dans le *London Evening Standard* du 13 mai, que les défendeurs dans l'affaire Tyler Kent ont toujours été de bonne foi.

Lord Jowitt, pour pouvoir publier ces mémoires, a été obligé de faire une remarque que ni le capitaine Ramsay ni Anna Wolkoff ne sont encore autorisés à faire pour leur propre défense, la nature des documents concernés par l'affaire ayant été déclarée secret officiel qu'ils ne peuvent divulguer.

D'autres, en revanche, sont maintenant libres d'affirmer

ce qu'ils savent depuis le début, à savoir que le capitaine Ramsay n'a jamais tenté de communiquer avec l'Allemagne, mais qu'il essayait de communiquer au Premier ministre de l'époque, M. Chamberlain, certaines informations que ce dernier attendait et qui, en raison de l'arrestation du capitaine Ramsay, ne lui sont jamais parvenues.

Une partie de cette information est cependant parvenue à M. Chamberlain par d'autres voies, car il a été révélé dans les journaux de Forestall que M. Chamberlain était devenu convaincu, et l'avait même dit à M. Forestall, que les puissants cercles juifs de New York étaient les seuls responsables de l'entrée en guerre de la Grande-Bretagne, ce qu'il ne soupçonnait pas à l'époque, bien qu'il fût Premier ministre et aurait dû être informé de ce qui se passait.

Le clou qui a été enfoncé entre M. Chamberlain et le capitaine Ramsay a été l'enfermement et l'abus de la loi sur les secrets officiels, suivis par la diffusion élaborée de la fabrication complète par le ministère de l'Intérieur que "ledit capitaine Archibald Maule Ramsay, M.P... avait exprimé son désir de coopérer avec le gouvernement allemand dans la conquête et le gouvernement ultérieur de la Grande-Bretagne".

Plus tard, Lord Marley a ajouté à cette fabrication en déclarant à la Chambre des Lords qu'il savait de source sûre que le capitaine Ramsay avait accepté de devenir Gauleiter d'Écosse sous une occupation allemande de la Grande-Bretagne. Il a ignoré le défi lancé par les avocats du capitaine Ramsay de répéter l'accusation en dehors de la Chambre.

Pendant quatorze ans, Lord Jowitt devait être parfaitement conscient que le capitaine Ramsay menait une enquête afin de convaincre M. Chamberlain qu'il existait des preuves documentaires des faits que le capitaine Ramsay lui avait déjà révélés, et que l'arrestation du capitaine Ramsay avait pour but d'empêcher que ces preuves documentaires soient présentées au Premier ministre. Mais il a fallu toutes ces années pour que Lord Jowitt concède que le capitaine Ramsay est un homme honnête qui "n'aurait jamais cautionné un acte qu'il reconnaissait comme étant contraire aux intérêts de son pays".

G.P.

LIVRE BLANC ALLEMAND SUR LA DERNIÈRE PHASE DE LA CRISE GERMANO-POLONAISE

DOCUMENTS DU LIVRE BLANC ALLEMAND

Concernant la dernière phase de la crise germano-polonaise BIBLIOTHEQUE ALLEMANDE D'INFORMATION NEW YORK

Note sur le livre blanc allemand (pp 3-6)

Le Livre Blanc allemand, présenté ici, est un recueil de documents et de discours officiels, et non une collection de conversations incontrôlables. Il ne prétend pas couvrir l'ensemble du champ des relations germano-polonaises, mais, comme son titre l'indique, il s'intéresse uniquement à la dernière phase de la crise germano-polonaise, du 4 août au 3 septembre 1939.

La controverse germano-polonaise concernant le Corridor, la Haute-Silésie et Dantzig, a commencé en 1919 ; elle n'a jamais cessé, depuis la signature du traité de Versailles, d'agiter l'Europe. Pendant de nombreuses années, des commentateurs et des hommes d'État intelligents de toutes les nations, y compris la Grande-Bretagne, ont convenu que la séparation de la Prusse orientale du Reich et, en fait, de l'ensemble de la colonie polonaise, était injuste et pleine de dangers.

L'Allemagne, à maintes reprises, a tenté de résoudre les différends entre les deux pays dans un esprit amical. Ce n'est que lorsque toutes les négociations se sont avérées vaines et que la Pologne a rejoint le front d'encerclement contre l'Allemagne, que le chancelier Hitler a tranché le nœud gordien avec l'épée. C'est l'Angleterre qui a forcé l'épée dans sa main.

La Grande-Bretagne affirme dans son Livre bleu et ailleurs qu'elle a été contrainte de "garantir" la Pologne contre une "agression" pour des raisons de moralité internationale.

Malheureusement, le gouvernement britannique admet par la suite (sous-secrétaire d'État Butler, Chambre des Communes, 19 octobre 1939) que la "garantie" ne vise que l'Allemagne.

Elle n'était pas valable en cas de conflit avec d'autres puissances. En d'autres termes, la "garantie" britannique n'était qu'un maillon de la chaîne d'encerclement britannique. La crise polonaise a été délibérément fabriquée par la Grande-Bretagne avec la complicité de la Pologne : c'était la mèche destinée à déclencher l'explosion !

La Grande-Bretagne tente naturellement d'occulter ce fait. Les déclarations officielles britanniques sur le déclenchement de la guerre insistent beaucoup sur l'allégation selon laquelle l'Angleterre n'a pas donné de "garantie" officielle à la Pologne avant le 31 mars 1939, alors que la demande allemande à la Pologne, que celle-ci a rejetée, a été faite le 21 mars. La Grande-Bretagne soutient que la "garantie" britannique n'était que la conséquence de la demande allemande du 21 mars.

La Grande-Bretagne nie que sa "garantie" ait renforcé la résistance polonaise. Elle insiste sur le fait que l'Allemagne a profité d'un moment de tension internationale pour imposer à la Pologne sa demande d'une route extraterritoriale à travers le Corridor entre le Reich et la Prusse orientale.

Les Britanniques ignorent un fait essentiel à cet égard. L'existence de la "garantie", et non son annonce formelle, a été le facteur décisif. L'avenir révélera peut-être quand la promesse britannique a été faite pour la première fois à la Pologne. En tout cas, la Pologne était assurée de l'aide britannique *avant* le 21 mars.

Le discours de Chamberlain du 17 mars 1939 et la déclaration de Lord Halifax du 20 mars (tous deux reproduits dans le Livre bleu britannique) ne laissent aucun doute sur cette question. La "garantie" britannique était de la nature d'un chèque en blanc. La Pologne ne savait pas, lorsqu'elle marchait vers sa perte, que le chèque ne serait pas honoré.

Les allégations selon lesquelles les Polonais ont été surpris ou dépassés par les propositions allemandes ne tiennent pas la route. La Pologne était pleinement informée des exigences allemandes. Lorsque, comme le souligne Herr von Ribbentrop dans son discours de Dantzig (24 octobre 1939), le chancelier Hitler a conclu en 1934 un pacte d'amitié et de non-agression avec le maréchal Pilsudski, il était clairement entendu que le problème de Dantzig et du corridor devait être résolu tôt ou tard. Le chancelier Hitler espérait qu'il serait résolu dans le cadre de cet instrument.

Après la mort du maréchal Pilsudski, la Pologne a négligé sans ménagement ses obligations au titre du pacte germano-polonais. La persécution des minorités allemandes en Pologne, les mesures prises par la Pologne pour étrangler économiquement Dantzig, l'attitude insolente que le gouvernement polonais a choisi d'adopter avec le chèque en blanc britannique en poche et la mobilisation polonaise ont contrarié le désir du chancelier Hitler de régler les différends germano-polonais par des négociations pacifiques, comme il avait résolu tous les autres problèmes découlant de la faillite de l'esprit d'État à Versailles.

Personne ne peut affirmer que le gouvernement national-socialiste n'a pas tenté avec une patience extraordinaire de faire comprendre à la Pologne qu'il était souhaitable de trouver une solution rapide et pacifique. Le gouvernement polonais connaissait la solution spécifique proposée par le chancelier Hitler depuis le 24 octobre 1938. La nature des propositions allemandes a été discutée au moins quatre fois entre les deux gouvernements avant le 21 mars 1939. Le 24 octobre 1938, von Ribbentrop, le ministre allemand des Affaires étrangères, proposa à l'ambassadeur polonais, Lipski, quatre mesures pour corriger l'injustice de Versailles et éliminer toutes les sources de friction entre les deux pays.

1). La restitution de la ville libre de Dantzig au Reich, sans rupture de ses liens économiques avec l'État polonais. (L'accord accordait à la Pologne des privilèges de port franc et un accès extraterritorial au port).

2.) Une voie de communication extraterritoriale [sic] à travers le corridor par voie ferroviaire et automobile pour réunifier l'Allemagne et la Prusse orientale.

3.) La reconnaissance mutuelle par les deux États de leurs frontières comme définitives et, si nécessaire, une garantie mutuelle de leurs territoires.

4.) La prolongation du pacte germano-polonais de 1934 de dix à vingt-cinq ans.

Le 5 janvier 1939, le ministre polonais des Affaires étrangères, Josef Beck, s'entretient avec le chancelier allemand des problèmes en jeu. À ce moment-là, le chancelier Hitler offre à Beck une garantie claire et précise couvrant le Corridor, sur la base des quatre points exposés par von Ribbentrop. Le lendemain, le 6 janvier, à Munich, le ministre allemand des Affaires étrangères confirme une fois de plus la volonté de l'Allemagne de garantir, non seulement le corridor, mais tout le territoire polonais.

L'offre généreuse d'un règlement dans ce sens, éliminant toute friction entre les deux pays, fut réitérée lorsque le ministre des Affaires étrangères von Ribbentrop effectua une visite d'État à Varsovie (du 23 au 17 janvier 1939). À cette occasion, von Ribbentrop offrit à nouveau une garantie des frontières germano-polonaises et un règlement définitif et global des relations germano-polonaises.

Dans ces circonstances, il est absurde d'alléguer que la Pologne a été "surprise" par la proposition allemande du 21 mars et par les développements ultérieurs. Il est possible que la Pologne ait caché à Paris et à Londres les offres amicales et conciliantes de l'Allemagne. Avec ou sans les incitations britanniques, la Pologne a préparé le terrain pour une scène mélodramatique, dans laquelle le méchant allemand a brutalement menacé sa souveraineté et son indépendance.

Malgré l'intransigeance polonaise, qui culmine avec les menaces de guerre, le chancelier Hitler fait une dernière tentative désespérée pour empêcher le conflit. Il fait appel à un plénipotentiaire polonais pour discuter de la solution présentée dans le document 15 du livre blanc allemand. Cette solution prévoit la restitution de Dantzig au Reich, la protection des minorités polonaises et allemandes, un plébiscite dans le Corridor sous des auspices neutres, la sauvegarde, quel qu'en soit le résultat, de l'accès exterritorial sans entrave de la Pologne à la mer.

Les Britanniques sont heureux de décrire ce document raisonnable comme un "ultimatum". Il s'agit là d'une déformation complète des faits. Le gouvernement allemand, il est vrai, avait fixé un délai (30 août) pour l'acceptation de sa proposition, mais il a attendu vingt-quatre heures après son expiration pour conclure que les possibilités de négociations diplomatiques étaient épuisées. L'Angleterre et la Pologne avaient tout loisir d'agir dans ces vingt-quatre heures.

Les Britanniques soutiennent que les exigences de l'Allemagne n'étaient connues ni de Varsovie ni de Londres. Cette prétention est démolie par le Livre Bleu britannique lui-même, car nous y trouvons une dépêche de Sir Neville Henderson, ambassadeur britannique à Berlin, qui ne laisse aucun doute sur le fait qu'il a relayé la proposition allemande à Londres après sa conférence de minuit avec von Ribbentrop le 30 août, et qu'il a compris les points essentiels de la proposition allemande.

Henderson a même transmis au gouvernement britannique l'assurance du chancelier Hitler que le négociateur polonais serait reçu en toute égalité avec la courtoisie et la considération dues à l'émissaire d'un État souverain.

Henderson a envoyé son message nocturne non seulement à Downing Street, mais aussi à l'ambassade britannique à Varsovie. Il existe des preuves, qui sont récemment entrées en possession du ministère allemand des Affaires étrangères, que, malgré toutes ses protestations d'ignorance et d'impuissance, le Cabinet britannique a communiqué directement au gouvernement polonais la substance de la conversation de minuit d'Henderson avec le ministre allemand des Affaires étrangères. Le Daily Telegraph de Londres, dans une édition tardive du 31 août, a imprimé la déclaration suivante :

> "Lors de la réunion du Cabinet d'hier, au cours de laquelle les termes de la note britannique ont été approuvés, il a été décidé d'envoyer un massage à Varsovie, indiquant l'étendue des dernières demandes d'annexion de territoire émanant de Berlin".

Cet article n'est apparu que dans quelques numéros. Il a été supprimé dans les éditions ultérieures.

Les exigences de l'Allemagne étaient si raisonnables qu'aucun gouvernement polonais sain d'esprit n'aurait osé les rejeter. Elles auraient certainement été acceptées si l'Angleterre avait conseillé la modération. Une dernière chance de préserver la paix s'est présentée le 2 septembre. Elle était offerte par un message du premier ministre Mussolini (document 20). La suggestion italienne est acceptable pour l'Allemagne et la France (document 21), mais elle est rejetée par la Grande-Bretagne (document 22).

LA DERNIÈRE PHASE DE LA CRISE GERMANO-POLONAISE

(pp.7-12)

Sont imprimés en annexe les documents qui ont été échangés au cours des derniers jours avant le début de l'action défensive allemande contre la Pologne et l'intervention des puissances occidentales, ou qui, à tout autre égard, se rapportent à ces événements. Ces documents, brièvement récapitulés, donnent l'aperçu général suivant :

1). Au début du mois d'août, le gouvernement du Reich a été informé d'un échange de notes entre le représentant de la Pologne à Dantzig et le Sénat de la Ville libre (Dantzig), selon lequel le gouvernement polonais, sous forme d'un ultimatum à court terme et sous la menace de mesures de rétorsion, avait exigé le retrait d'un prétendu ordre du Sénat — ordre qui, en fait, n'avait jamais été émis — concernant les activités des inspecteurs des douanes polonais (documents 1 à 3).

Cela a amené le gouvernement du Reich à informer le gouvernement polonais, le 9 août, que la répétition de ces demandes sous forme d'ultimatum entraînerait une aggravation des relations entre l'Allemagne et la Pologne, dont le gouvernement polonais serait seul responsable des conséquences.

En même temps, l'attention du gouvernement polonais a été attirée sur le fait que le maintien des mesures économiques adoptées par la Pologne contre Dantzig obligerait la Ville libre à rechercher d'autres possibilités d'exportation et d'importation (document 4).

Le gouvernement polonais a répondu à cette communication du gouvernement du Reich par un aide-mémoire du 10 août, remis à l'ambassade d'Allemagne à Varsovie, qui aboutissait à la déclaration que la Pologne interpréterait comme une action agressive toute intervention du gouvernement du Reich dans les affaires de Dantzig, qui pourrait mettre en danger les droits et les intérêts polonais sur place (document 5).

2). Le 22 août, le Premier ministre britannique, M. Neville Chamberlain, sous l'impression de l'annonce de la conclusion imminente d'un pacte de non-agression entre l'Allemagne et l'U.R.S.S., envoya une lettre personnelle au Führer. Il y exprimait, d'une part, la ferme détermination du gouvernement britannique à remplir ses obligations envers la Pologne et, d'autre part, l'opinion selon laquelle il était préférable, dans un premier temps, de rétablir un climat de confiance et, ensuite, de résoudre les problèmes germano-polonais par des négociations aboutissant à un règlement qui devrait être internationalement garanti (document 6).

Le Führer, dans sa réponse du 23 août, expose les causes *réelles* de la crise germano-polonaise.

Il s'est référé en particulier à la proposition généreuse

qu'il avait faite en mars de cette année et a déclaré que les fausses informations diffusées par l'Angleterre à cette époque concernant une mobilisation allemande contre la Pologne, les affirmations tout aussi incorrectes sur les intentions agressives de l'Allemagne à l'égard de la Hongrie et de la Roumanie et, enfin, la garantie donnée par l'Angleterre et la France au gouvernement polonais avaient encouragé les Polonais non seulement de refuser l'offre allemande, mais de déclencher une vague de terreur contre les Allemands domiciliés en Pologne et d'étrangler Dantzig sur le plan économique. Dans le même temps, le Führer déclare que l'Allemagne ne se laissera pas empêcher de protéger ses droits vitaux par quelque méthode d'intimidation que ce soit (document 7).

3). Bien que la lettre susmentionnée du Premier ministre britannique du 22 août, ainsi que les discours prononcés le jour suivant par les hommes d'État britanniques, aient montré une incompréhension totale du point de vue allemand, le Führer a néanmoins décidé de faire une nouvelle tentative pour parvenir à un accord avec l'Angleterre.

Le 25 août, il reçoit l'ambassadeur britannique, lui expose une fois de plus en toute franchise sa conception de la situation et lui communique les grands principes d'un accord global et clairvoyant entre l'Allemagne et l'Angleterre qu'il proposera au gouvernement britannique une fois que le problème de Dantzig et du Corridor polonais sera réglé (document 8).

4). Pendant que le gouvernement britannique discute de la déclaration précédente du Führer, un échange de lettres a lieu entre le président français, M. Daladier, et le Führer. Dans sa réponse, le Führer expose à nouveau les raisons de la position de l'Allemagne dans la question germano-polonaise et réitère sa ferme décision de considérer l'actuelle frontière franco-allemande comme définitive (documents 9 et 10).

5). Dans sa réponse à la démarche du Führer du 25 août, remise le 28 août au soir, le gouvernement britannique se déclare prêt à examiner la proposition de révision des relations anglo-allemandes. Il déclare en outre avoir reçu du gouvernement polonais l'assurance formelle qu'il est prêt à entrer en discussion directe avec le gouvernement du Reich sur les questions germano-polonaises.

En même temps, ils répètent qu'à leur avis, un règlement germano-polonais doit être sauvegardé par des garanties internationales (document 11).

Malgré les graves appréhensions suscitées par l'ensemble de l'attitude antérieure de la Pologne et malgré les doutes justifiés quant à la volonté sincère du gouvernement polonais de parvenir à un règlement direct, le Führer, dans sa réponse remise à l'ambassadeur britannique dans l'après-midi du 29 août, accepte la proposition britannique et déclare que le gouvernement du Reich attend l'arrivée d'un représentant polonais investi de pouvoirs plénipotentiaires le 30 août. En même temps, le Führer a annoncé que le gouvernement du Reich rédigerait immédiatement des propositions pour une solution acceptable pour lui et qu'il les préparerait, si possible, pour le gouvernement britannique avant l'arrivée du négociateur polonais (document 12).

6). Dans le courant du 30 août, ni un négociateur polonais doté de pouvoirs plénipotentiaires ni aucune communication du gouvernement britannique sur les démarches entreprises par celui-ci ne parviennent à Berlin. Au contraire, c'est ce jour-là que le gouvernement du Reich est informé de l'ordre de mobilisation générale de la Pologne (document 13).

Ce n'est qu'à minuit que l'ambassadeur britannique remit un nouveau mémorandum qui, toutefois, ne révélait aucun progrès concret dans le traitement des questions germano-polonaises et se limitait à indiquer que la réponse du Führer de la veille devait être communiquée au gouvernement polonais et que le gouvernement britannique considérait comme irréalisable l'établissement d'un contact germano-polonais dès le 30 août (document 14).

7). Bien que la non-apparition du négociateur polonais ait supprimé les conditions dans lesquelles le gouvernement britannique devait être informé de la conception que le gouvernement du Reich avait de la base sur laquelle des négociations pourraient être possibles, les propositions formulées depuis par le Reich n'en ont pas moins été communiquées et expliquées en détail à l'ambassadeur britannique lorsqu'il lui a remis le mémorandum susmentionné.

Le gouvernement du Reich s'attendait en tout cas à ce que, par la suite, un plénipotentiaire polonais soit nommé. Au lieu de cela, l'ambassadeur de Pologne à Berlin a fait une déclaration verbale au ministre des Affaires étrangères du Reich dans l'après-midi du 31 août, selon laquelle le gouvernement polonais avait été informé la nuit précédente par le gouvernement britannique qu'il existait une possibilité de négociations directes entre le gouvernement du Reich et le gouvernement polonais, et que le gouvernement polonais considérait favorablement la proposition britannique.

Le Ministre des Affaires Etrangères du Reich lui ayant expressément demandé s'il était habilité à négocier sur les propositions allemandes, l'Ambassadeur a déclaré qu'il n'était pas habilité à le faire, mais qu'il avait simplement été chargé de faire la déclaration verbale qui précède. Une autre question du Ministre des Affaires Etrangères du Reich lui demandant s'il pouvait entamer une discussion objective sur cette question a été expressément refusée par l'Ambassadeur.

8). Le gouvernement du Reich se trouvait ainsi confronté au fait qu'il avait passé deux jours à attendre en vain un plénipotentiaire polonais. Dans la soirée du 31 août, ils publient les propositions allemandes avec un bref récit des événements qui les ont précédées (document 15).

Ces propositions ont été qualifiées d'inacceptables par la radio polonaise (document 16).

9). Toute possibilité de règlement pacifique de la crise germano-polonaise étant ainsi épuisée, le Führer se vit contraint de résister par la force à celle que les Polonais employaient depuis longtemps contre Dantzig, contre les Allemands en Pologne, et enfin, par d'innombrables violations de la frontière, contre l'Allemagne.

10). Dans la soirée du 1er septembre, les ambassadeurs de Grande-Bretagne et de France remettent au ministre des

Affaires étrangères du Reich deux notes rédigées dans les mêmes termes, dans lesquelles ils demandent à l'Allemagne de retirer ses troupes du territoire polonais et déclarent que si cette demande n'est pas satisfaite, leurs gouvernements respectifs s'acquitteront sans plus tarder de leurs obligations envers la Pologne (documents 18 et 19).

11). Afin d'écarter la menace de guerre, qui s'est dangereusement rapprochée à la suite de ces deux notes, le Duce fait une proposition d'armistice et de conférence ultérieure pour le règlement du conflit germano-polonais (document 20).

Les Allemands et le gouvernement français ont répondu par l'affirmative à cette proposition, tandis que le gouvernement britannique a refusé de l'accepter (documents 21 et 11).

Cela ressortait déjà des discours prononcés par le premier ministre et le secrétaire d'État aux affaires étrangères britanniques dans l'après-midi du 2 septembre devant les chambres du Parlement britannique, et l'ambassadeur d'Italie avait fait une communication en ce sens au ministre des affaires étrangères du Reich dans la soirée du 2 septembre. Ainsi, de l'avis du gouvernement italien, l'initiative du Duce avait été anéantie par l'Angleterre.

12). Le 3 septembre, à 9 heures, l'ambassadeur britannique se présente au ministère allemand des Affaires étrangères et lui remet une note dans laquelle le gouvernement britannique, fixant un délai de deux heures, réitère sa demande de retrait des troupes allemandes et, en cas de refus, se déclare en guerre avec l'Allemagne à l'expiration de ce délai (document 23).

Le 3 septembre 1939, à 11 h 15, le secrétaire d'État britannique aux Affaires étrangères remet au chargé d'affaires allemand à Londres une note dans laquelle il l'informe que l'état de guerre existe entre les deux pays à compter du 3 septembre à 11 h (document 24).

Le même jour, à 11 h 30, le ministre des Affaires étrangères du Reich a remis à l'ambassadeur britannique à Berlin un mémorandum du gouvernement du Reich dans lequel celui-ci rejette les exigences exprimées par le gouvernement britannique sous la forme d'un ultimatum et dans lequel il est prouvé que la responsabilité du déclenchement de la guerre incombe exclusivement au gouvernement britannique (document 25).

Dans l'après-midi du 3 septembre, l'ambassadeur de France à Berlin a rendu visite au ministre des Affaires étrangères du Reich et a demandé si le gouvernement du Reich était en mesure de donner une réponse satisfaisante à la question qui lui avait été adressée par le gouvernement français dans sa note du 1er septembre. Le Ministre des Affaires Étrangères du Reich a répondu à l'Ambassadeur qu'après que les notes anglaise et française du mois de septembre lui aient été remises, le Chef du Gouvernement italien avait fait une nouvelle proposition intermédiaire, à laquelle le Duce avait ajouté, le Gouvernement français avait donné son accord.

Le gouvernement du Reich avait informé le Duce, la veille, qu'il était également prêt à accepter la proposition.

Le Duce les avait toutefois informés plus tard dans la journée que sa proposition avait été anéantie par l'attitude intransigeante du gouvernement britannique.

Le gouvernement britannique avait, quelques heures auparavant, présenté à l'Allemagne un ultimatum qui avait été rejeté du côté allemand par un mémorandum que lui, le ministre des Affaires étrangères du Reich, remettrait à l'ambassadeur de France pour son information.

Si l'attitude de la France à l'égard de l'Allemagne devait être déterminée par les mêmes considérations que celles du gouvernement britannique, le ministre des Affaires étrangères du Reich ne pourrait que le regretter. L'Allemagne a toujours cherché à s'entendre avec la France.

Si le gouvernement français, malgré ce fait, adoptait une attitude hostile à l'égard de l'Allemagne en raison de ses obligations envers la Pologne, le peuple allemand y verrait une guerre d'agression totalement injustifiable de la part de la France contre le Reich.

L'Ambassadeur de France a répondu qu'il avait compris, d'après les remarques du Ministre des Affaires étrangères du Reich, que le Gouvernement du Reich n'était pas en mesure de donner une réponse satisfaisante à la note française du 1er septembre. Dans ces conditions, il avait la désagréable tâche d'informer le gouvernement du Reich que le gouvernement français était contraint de remplir les obligations qu'il avait contractées envers la Pologne, à partir du 3 septembre à 17 heures.

L'ambassadeur de France a remis en même temps une communication écrite correspondante (CF, document 26).

Le ministre des Affaires étrangères du Reich a alors déclaré en conclusion que le gouvernement français porterait l'entière responsabilité des souffrances que les nations auraient à supporter si la France attaquait l'Allemagne.

AUTRES TITRES

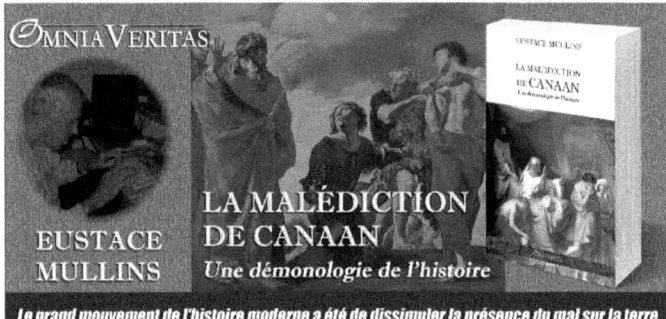

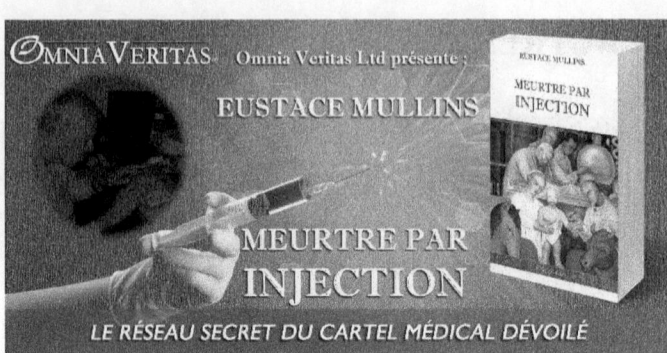
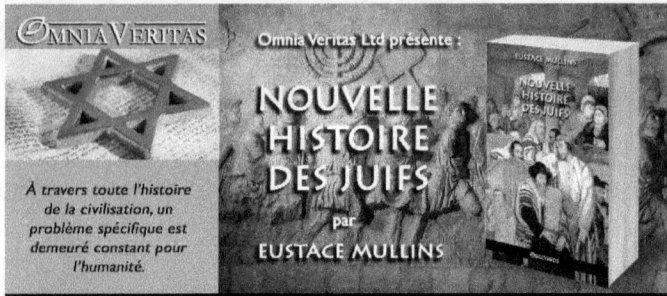

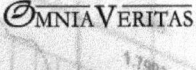

ŒUVRES & ÉCRITS de CHARLES MAURRAS

7 VOLUMES POUR RETROUVER LE SOUFFLE DE L'ESPRIT FRANÇAIS

Pour sortir de la domination cosmopolite, célébrons Maurras !

CHARLES MAURRAS

Mes idées politiques

Le seul instrument de progrès est la tradition, la seule semence de l'avenir est le passé

présentent la Collection EUSTACE MULLINS

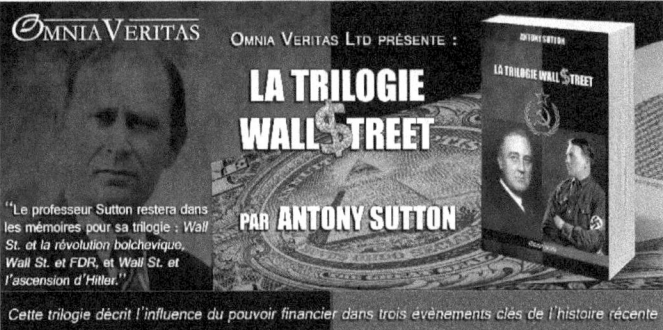

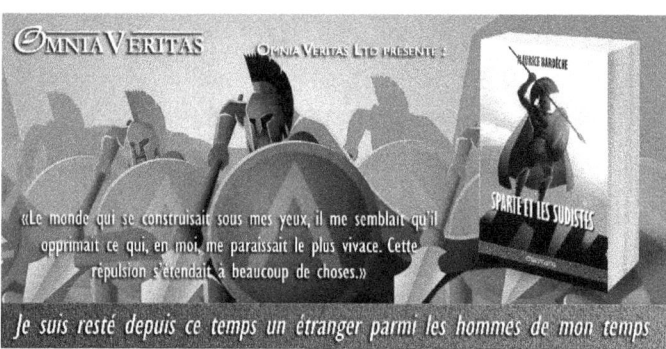

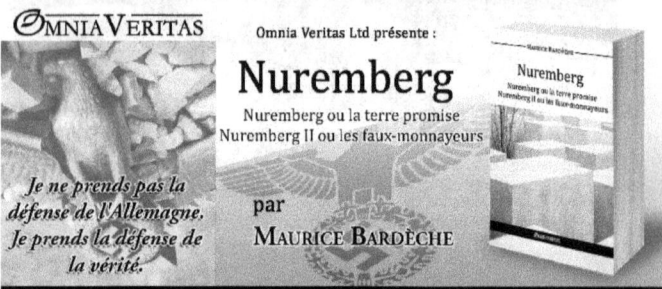

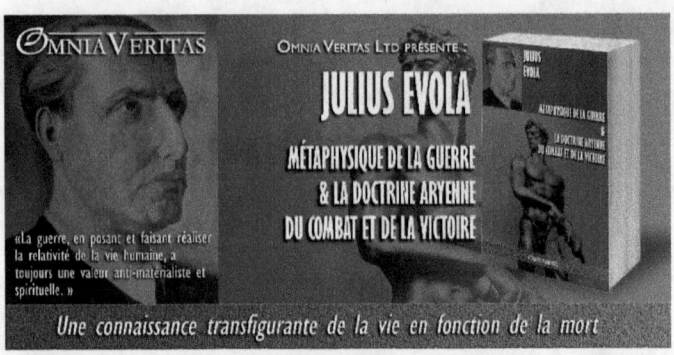

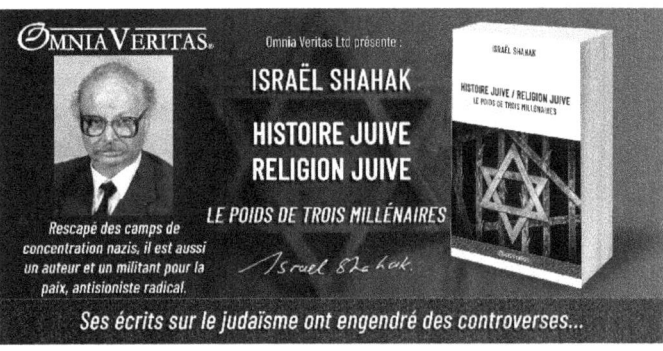

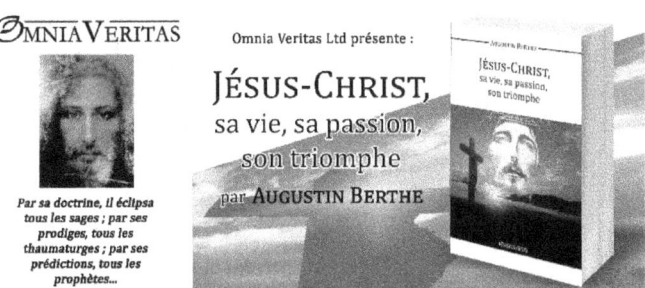

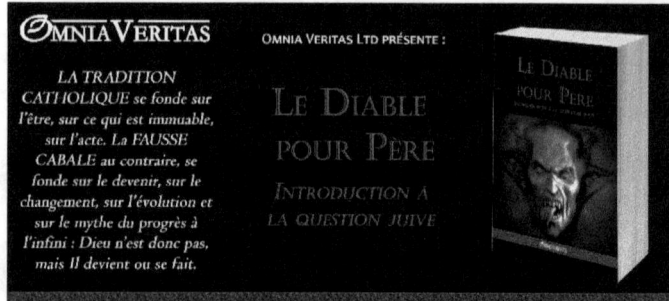

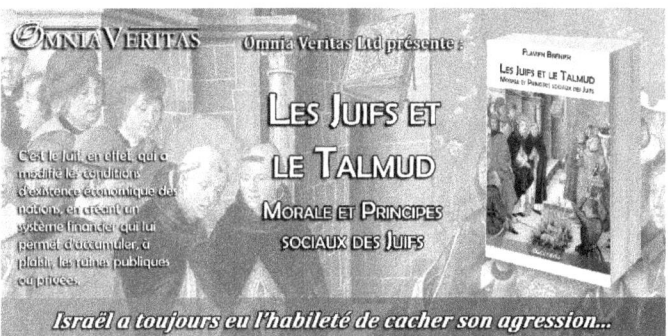

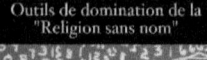

Pour la première fois, un livre tente d'explorer les sujets complexes que sont les abus rituels traumatiques et le contrôle mental qui en découle.

Comment est-il possible de programmer mentalement un être humain ?

www.ingramcontent.com/pod-product-compliance
Lightning Source LLC
Chambersburg PA
CBHW050144170426
43197CB00011B/1956